T0262597

Gustavo Adolfo Bécquer, cuyo verdadero nombre era Gustavo Adolfo Domínguez Bastida, nació en Sevilla en 1836 y siendo aún adolescente se trasladó a Madrid para dedicarse a la literatura. Padeció una afección pulmonar y vivió en la penuria económica excepto en los breves períodos en que desempeñó el cargo de censor de novelas (1864-1865) y de director literario de *La ilustración de Madrid* (1870). Entre sus obras en prosa destacan textos como *Cartas desde mi celda* y *Cartas literarias a una mujer*, escritas en el monasterio de Veruela. Sin embargo, la cúspide de su producción se da con sus *Rimas* y sus *Leyendas*, de las que se desprende el lúgubre y sublime espíritu posromántico. Murió en Madrid, en 1870, dejando tras de sí una estela cuya influencia no tiene parangón en la historia de la literatura en lengua castellana.

Enrique Rull Fernández es catedrático emérito de la Universidad Nacional de Educación a Distancia. Su amplia actividad investigadora ha estado relacionada sobre todo con la literatura española del Siglo de Oro (es un reconocido especialista en Calderón y en el teatro de su época), aunque ha dedicado también estudios y publicaciones a la época romántica y al modernismo, principalmente a Larra, Bécquer y Rubén Darío. Empezó hace años el ambicioso proyecto de publicación de los *Autos sacramentales completos de Calderón*, del que lleva editados tres volúmenes. Además, ha sido socio fundador de la Asociación de Cervantistas y ha dedicado numerosos trabajos al estudio del *Quijote*, el *Persiles* y otras obras cervantinas.

Gustavo Adolfo Bécquer

Cartas desde mi celda
Cartas literarias a una mujer

Edición de
ENRIQUE RULL

PENGUIN CLÁSICOS

Papel certificado por el Forest Stewardship Council®

Primera edición: abril de 2020
Primera reimpresión: junio de 2021

PENGUIN, el logo de Penguin y la imagen comercial asociada son marcas registradas
de Penguin Books Limited y se utilizan bajo licencia.

© 2020, Penguin Random House Grupo Editorial, S. A. U.
Travessera de Gràcia, 47-49. 08021 Barcelona
© 2020, Enrique Rull, por la edición
Diseño de la cubierta: Penguin Random House Grupo Editorial / Sergi Bautista
Imagen de la cubierta: © Shutterstock

Printed in Spain – Impreso en España

ISBN: 978-84-9105-465-8
Depósito legal: B-4.156-2020

Compuesto en M. I. Maquetación, S. L.

Impreso en Liberdúplex
Sant Llorenç d'Hortons (Barcelona)

PG 5 4 6 5 A

Índice

Introducción

El célebre poeta Gustavo Adolfo Bécquer, amado por todas las generaciones que siguieron a su muerte (1870), fue ignorado en su tiempo, salvo por unos pocos amigos que le admiraron y fueron fieles a su memoria publicando sus obras en el año 1871, ya que él únicamente había dado a la imprenta algunos escritos aislados, escasos poemas y varios artículos periodísticos, algunos sin firma. Era sevillano, nacido el 17 de febrero de 1836, hijo de padre pintor, al que perdió a los cinco años. Eran seis hermanos, de los cuales el más famoso como pintor sería Valeriano, heredero de las cualidades artísticas de su padre, de las que participó también, aunque en menor medida, el propio Gustavo Adolfo. El apellido Bécquer lo adoptaron de sus antecesores familiares. Los primeros apellidos de Gustavo Adolfo eran Domínguez Bastida Insausti. Gustavo Adolfo a veces indicaba mediante la inicial «D» el apellido «Domínguez», como así figura, por ejemplo, en la portada del *Libro de los gorriones,* y su hermano Valeriano hacía otro tanto, como hemos podido comprobar en alguno de sus cuadros. En el año 1847, es decir, cuando Gustavo Adolfo tenía once años, falleció también su madre. Un año antes había ingresado en el Colegio de San Telmo de Sevilla, centro orientado fundamentalmente a los estudios de Náutica. Allí parece que conoció a Narciso Campillo (quien a la larga sería catedrático de Retórica y Poética), manifestando ambos inclinaciones literarias. Gustavo Adolfo quedó al cuidado de su tía María Bastida, al igual que sus otros hermanos, pero tuvo que dejar el Colegio por cerrarse éste justo durante ese mismo año. Afortunadamente, Gustavo fue tutelado por su madrina Manuela Monnehay, en cuya casa había una notable biblioteca que él frecuentaba. Allí pudo familiarizarse con la lectura de los más importantes escritores románticos. En una carta de Campillo a Eduardo de la Barra, confiesa aquél haber seguido carrera y compartido las enseñanzas que había recibido con Bécquer, quien no podía tener estudios por ser más pobre. Campillo tenía tal afición a la lectura que en su casa le llamaban «tragalibros». Lo que Bécquer quizá no pudo conseguir por medios económicos lo consiguió en parte por una buena amistad. Pronto empezaron ambos a desarrollar sus inquietudes poéticas e incluso a publicar sus primeros versos en revistas de Sevilla. Durante los años siguientes (de 1850 a 1853) ingresó Gustavo en el taller de pintura de Cabral Bejarano y luego en el de su tío (también pintor, como su padre) Joaquín Domínguez Bécquer. O bien las inclinaciones literarias eran demasiado fuertes, o bien no vio su tío en él un futuro pintor. El caso es que Gustavo abandonó por consejo de aquél los estudios de pintura, que sin embargo siguió desarrollando su hermano Valeriano con extraordinario provecho.

Durante el año 1853 conoció en Sevilla al madrileño Julio Nombela, que residía allí accidentalmente; trabaron amistad y decidieron trasladarse a la capital para probar fortuna en las letras. Al año siguiente Gustavo Adolfo marchó a Madrid, residiendo en una pensión de la calle Hortaleza. Conoció a Luis García Luna, con el que pronto le unirán lazos amistosos. En colaboración con él y bajo el pseudónimo de *Adolfo García* escribirán obras teatrales de género diverso, especialmente zarzuelas y sainetes. Por falta de recursos, se vio obligado a abandonar la pensión en la que vivía y se trasladó a la de García Luna, de la que era dueña doña Soledad, una viuda sevillana que le hospedó gratuitamente por algún tiempo. Pronto también conocería a Ramón Rodríguez Correa, con quien ingresó como escribiente en la Dirección de Bienes Nacionales, pero fuera de plantilla. A este tenor, cuenta el propio Rodríguez Correa (véase la semblanza de Bécquer que realiza su amigo en las *Obras* del poeta en la primera edición de 1871), Gustavo seguía con sus aficiones por el dibujo, lo que le costó el despido de su lugar de trabajo. No parece que el autor de las *Rimas* demostrara demasiadas inquietudes políticas, tan frecuentes en aquella época en los ambientes burgueses, por lo que había decidido vivir de sus colaboraciones periodísticas. Ya en el año 1855 había fundado el semanario *El Mundo*, junto con sus amigos García Luna, Nombela y Márquez, periódico del que únicamente llegó a aparecer un número. También participó en el periódico *El Porvenir*, pero al poco tiempo cesó. Proyectó una magna obra, la *Historia de los templos de España*, y fue recibido por los reyes, quienes aceptaron el proyecto y se suscribieron a él. Esto sucedió en 1857, y en ese mismo año comenzó la publicación, cuya última entrega realizó al año siguiente.

En el año 1858 una enfermedad le dejó postrado y obligó a su hermano Valeriano a ir a Madrid. Parece que Gustavo tuvo que guardar cama durante dos meses. En mayo de ese mismo año empezó a publicar *El caudillo de las manos rojas* en el periódico *La Crónica* de Madrid, que según Rodríguez Correa sirvió para sufragar los gastos de la enfermedad de Gustavo. También en ese mismo año conoció a las hermanas

Espín (Julia y Josefina). Cuenta Julio Nombela en sus *Impresiones y recuerdos* (1909-1912) (Madrid, Ediciones Tebas, 1976) que, estando Gustavo convaleciente de su enfermedad, paseaba con frecuencia por el Retiro y por Príncipe Pío. En uno de estos recorridos, dice Nombela, fuimos «hacia la calle de la Flor Alta, frente a la cual había una casa de vecindad de muy buen aspecto, desde cuyos balcones se veía un trozo de la calle Ancha de San Bernardo. Cuando pasamos estaban asomadas a uno de los balcones del piso principal dos jóvenes de extraordinaria belleza, diferenciándose únicamente en que la que parecía mayor, escasamente de diecisiete o dieciocho años, tenía en la expresión de sus ojos y en el conjunto de sus facciones algo celestial. Gustavo se detuvo admirado al verla y, aunque proseguimos nuestra marcha por la calle de la Flor Alta, no pudo menos de volver varias veces el rostro extasiándose al contemplarla» (Julio Nombela, pp. 179 y ss.). Se han realizado infinidad de conjeturas acerca de este encuentro y sobre todo de su posible continuación. Parece que hubo relación entre ellos, aunque el alcance de la misma es difícil de determinar. Rafael Montesinos (*Bécquer. Biografía e imagen*, Barcelona, Editorial R.M., 1977) apunta la fecha de 1860 o finales de 1859 para las primeras visitas de Bécquer a la familia de los Espín. En casa de don Joaquín Espín Guillén se reunían, en veladas musicales y literarias, personalidades del mundo artístico, ya que éste era director de los coros del Teatro Real. Julia parece que tenía buena voz y llegó incluso a cantar ópera. Los Espín estaban emparentados con Rossini, del cual Julia era sobrina política, pero la relación, de la que ellos estaban muy ufanos, quedaba un poco lejos, como ha señalado Montesinos. Este crítico ha ahondado en lo posible en el sentido de esta historia de Julia con Gustavo y ha realizado un minucioso rastreo en los textos del poeta para establecer la identidad de la amada, tal como pudo trasponer ésta el poeta en sus versos y relatos. Eduardo del Palacio, hijo del poeta Manuel del Palacio, describe a Julia así: «hermosa y enérgica», «altiva y desdeñosa», «cutis moreno, ojos negros, puede que un poquitín saltones», descripción que según Montesinos concuerda con los retratos que de ella se conservan y con varias de las *Rimas* becquerianas. Los contemporáneos hablan de esta historia (así Julio Nombela y Eusebio Blasco); Rodríguez Correa alude de manera muy sucinta a la cuestión y, aunque omite el nombre de la mujer amada, describe el acontecimiento de manera extraordinariamente reveladora: «Una mujer hermosa, tan naturalmente hermosa que... conmueve y fija el corazón del poeta, que se abre al amor, olvidándose de cuanto le rodea. La pasión es desde su principio inmensa, avasalladora, y con razón, puesto que se ve correspondida, o, al menos, parece satisfecha del objeto que la inspira: una mujer hermosa, aunque sin otra buena cualidad, porque es ingrata y estúpida. ¡Tarde lo conoce, cuando ya se siente engañado y descubre dentro de un pecho tan fino y suave un corazón *nido de sierpes*, en el cual no hay *una fibra que al amor responda*!». Julia Espín pudo ser la que inspirase las primeras *Rimas* becquerianas, seguramente las que indica Montesinos (XIV, XXXI, XXXIV, XXXIX, XXXV), y algunos textos de prosa. De otras *Rimas* es más difícil deducir la filiación con la persona, pues no se dan datos descriptivos de la misma o estos están en contradicción con los rasgos físicos que conocemos de Julia y con su carácter. También Joaquín de Entrambasaguas ha estudiado al por menor la relación entre este personaje femenino con el autor y su posible dependencia con los escritos de éste en varios trabajos muy olvidados por la crítica, ni siquiera para discutirlos, que se condensan en un extenso libro titulado *La obra poética de Bécquer en su discriminación creadora y erótica* (Madrid, Editorial Vasallo de Mumbert, 1974).

Basándose en ciertas conjeturas deducidas de los rasgos de Josefina, la hermana pequeña de Julia (sus ojos azules, sus maneras delicadas), Montesinos lanza la hipótesis de que a ésta pudieran estar dedicadas algunas *Rimas* (la XIII, la XXI y la XXVII). La conjetura se apoya fundamentalmente en el hecho de que la rima XXVII apareciese en el álbum de Josefina, dedicada a ella por la propia mano del poeta. ¿Fue este un segundo amor de Bécquer, cruelmente desengañado de su inclinación por Julia? Queda la hipótesis de Montesinos como digna de ser tenida en cuenta.

La década de los sesenta es la más rica en producciones becquerianas. En el primer año que la inaugura, Bécquer conoció, en casa del doctor Esteban, a Casta, su hija, con la que se casará al año siguiente. Parece que esta boda fue un tanto precipitada. Montesinos afirma que Casta significó «muy poco, y, además, desde un principio» en la vida amorosa de Gustavo. Nombela afirma «que no se casó, sino que le casaron». Aunque algunos críticos (Carpintero) han tratado de revalidar la figura de Casta, lo cierto es que ésta no fue fiel a Gustavo. El poeta le dedicó una rima (quizá la única) que es la titulada precisamente «A Casta» y que desde luego no incluyó en el *Libro de los gorriones.* Aunque algunos críticos deciden defender a Casta y otros optan por atacarla, ¿quién puede saber lo que constituye la ruptura de dos personas que conviven? Lo que sí sabemos es que el matrimonio se rompió en el plazo de siete años y medio, y solo volvieron a reunirse (quizá en apariencia, como dice Montesinos) dos meses antes de la muerte del poeta. Heliodoro Carpintero mantiene la hipótesis de que la influencia de Valeriano sobre Gustavo determinó la tragedia, pero, en cualquier caso, si el matrimonio se realizó sin mucho sentido, la semilla de la ruptura ya estaba lanzada desde el comienzo.

Muerto Gustavo, los hijos del matrimonio fueron recogidos por los padres de Casta, y murieron a su vez jóvenes.

De los tres, el menor parece que no era hijo del poeta. Los amigos de éste, por ejemplo Rodríguez Correa, no hacen alusión al casamiento de Bécquer. Fue un asunto que evidentemente debió de enturbiar su vida. Con todo, esta historia es muy triste y no solo para Gustavo: Casta, que tenía algunas pretensiones literarias, publicó en 1884 un libro, probablemente escrito durante años anteriores, que tituló *Mi primer ensayo. Colección de cuentos con pretensiones de artículos*. Es una obra en la que Casta ataca al hombre, escrita, como dice Carpintero, con «un anhelo avasallador de justificación personal... y un profundo resentimiento».

El 20 de diciembre de 1860 se publicó *El Contemporáneo*. En su primer número apareció la primera de las *Cartas literarias a una mujer*, y con ella inicia Bécquer una de las colaboraciones más fructíferas de toda su vida. En ese mismo periódico aparecerán año tras año la mayor parte de sus *Leyendas*, algunas *Rimas* y otros escritos varios.

Siguió cierta actividad literaria durante algún tiempo. En unión de Felipe Vallarino dirigió *La Gaceta Literaria*, donde publicó algunos artículos. En el verano de 1863 marchó a Sevilla con su mujer y su primer hijo (que había nacido en mayo de 1862). A su regreso a Madrid meses más tarde, vinieron en compañía de Valeriano y durante el invierno de ese mismo año decidieron residir en el Monasterio de Veruela, residencia que duró hasta el verano de 1864. Continuó publicando en *El Contemporáneo* diversas *Leyendas* y las *Cartas desde mi celda*. Durante julio y agosto de 1864 viajará a Bilbao y San Sebastián, y en noviembre pasará a dirigir *El Contemporáneo*.

En diciembre el ministro González Bravo nombró a Bécquer censor de novelas. El origen de la amistad entre ambos no parece claro. González Bravo tenía aficiones literarias y es posible, como sugiere Balbín, que la amistad naciera por «la espontánea admiración del gobernante moderado hacia la obra literaria de Bécquer» (*Bécquer fiscal de novelas*, p. 137). Con el cargo ofrecido por el ministro, Bécquer consiguió por fin una situación económica desahogada y, como dicen los amigos del poeta, con ello Bécquer no tomaba partido político, sino que agradecía un favor (que necesitaba) a un amigo querido.

Cómo pudo desempeñar ese cargo Gustavo es algo que no sabemos con seguridad, pero el propio Rodríguez Correa, al referirse a Bécquer como crítico, nos da el talante de éste y por él podemos deducir su comportamiento: «Gustavo era un ángel. Hay dos escritores a quienes en la vida he oído hablar mal de nadie. El uno era Bécquer, el otro, Miguel de los Santos Álvarez. Si a alguien se satirizaba injustamente, él lo defendía con poderosos argumentos; si la crítica era justa, un aluvión de lenitivos, un apurado golpe de candoroso ingenio o una frase compasiva y dulce cubría con un manto de espontánea caridad al destrozado ausente. Alguna vez escribió críticas... pues, cuando cumpliendo alguna misión las hacía de encargo, a cada línea protestaba de lo que censurando iba, y era de ver su apuro, colocado entre el sacerdocio de la verdad y del arte y la mansedumbre de su buen corazón» (en Bécquer, *Obras*, prólogo de Rodríguez Correa, 1871, p. 18).

En febrero de 1865 Bécquer dimitió como director de *El Contemporáneo,* por desacuerdo con la actitud política del periódico, contraria a González Bravo. Y al caer Narváez durante este mismo año, tras la violenta represión de la Noche de San Daniel, Bécquer cesó en su cargo de censor de novelas. Durante el verano los Bécquer (Gustavo y Valeriano) marcharon de nuevo a Veruela. Siguió su intensa labor periodística, pero, ante la desaparición de *El Contemporáneo* (31 de octubre), Bécquer empezó a colaborar en *El Museo*

Universal, donde publicó diversas *Rimas* (en 1866) y artículos de distinto orden, y del que fue nombrado incluso director literario.

El 12 de julio de 1866, con la vuelta de Narváez y González Bravo al poder, Bécquer retornó a su cargo de censor de novelas. Al poco cesó como director literario de *El Museo Universal*, pero siguió publicando en el periódico diversos comentarios a los grabados de su hermano Valeriano y, en años sucesivos, algunos artículos originales. Seguramente, como indica Montesinos, fue durante el año 1867 cuando González Bravo le pidió la colección de las *Rimas* para publicárselas y parece que prologárselas él mismo. En diciembre de ese mismo año murió su amigo Luis García Luna, que había sido colaborador suyo en distintas obras de teatro y de redacción en algunos periódicos. Intentó Bécquer con algunos amigos suyos (Nombela y otros) crear una Sociedad de Autores en el Ateneo madrileño (febrero de 1868), realizada según el patrón parisino de *Gens de Lettres*, pero fracasó por cuestiones políticas.

Como sugiere Rica Brown, no es extraño que Bécquer procurara mantenerse al margen de los movimientos políticos de entonces, dado su carácter. No obstante, cuando murió Narváez (abril de 1868) acompañó el féretro del político, como cuenta Julia Bécquer, sobrina del poeta. Con esta muerte, González Bravo fue nombrado jefe del nuevo gobierno. El 29 de septiembre estalló la revolución, y con ella la caída de Isabel II. El palacio de González Bravo fue saqueado y probablemente durante este acontecimiento tuvo lugar la desaparición del manuscrito de las *Rimas,* que guardaba el protector del poeta. Con la llegada de Sagasta al ministerio de la Gobernación, volvió Bécquer a cesar como censor de novelas. Los dos hermanos (Gustavo y Valeriano) marcharon a Toledo.

El 17 de junio de 1868, es decir antes de la Revolución de Septiembre, Bécquer empezó a redactar el manuscrito del *Libro de los gorriones* (la fecha consta al pie del mismo). Era un proyecto, o mejor una colección de proyectos, como él mismo escribe, que parece que tenía mucha mayor amplitud que sus *Rimas*. Si el libro de las *Rimas* estaba todavía, como es lógico, en posesión de González Bravo, no tenía ningún sentido que copiara éstas por entonces al final del libro saltándose cientos de páginas de éste. El cuaderno se lo proporcionó Francisco de Laiglesia, uno de los contertulios del Café Suizo, al que acudía Bécquer. El propio Laiglesia cuenta así la anécdota: «Un amigo modesto, que oía todos los días sus disculpas por no reunir ni coleccionar sus trabajos; que creía posible que la falta de pluma y papel justificase solo la pereza de que se le acusaba, se presentó una noche en la tertulia del Suizo con un tomo comercial de quinientas páginas, que Bécquer aceptó con gratitud, y en el que escribió el hermoso prólogo publicado al frente de sus obras y que es un brillante testimonio del estado de su espíritu y de la pletórica acumulación de los numerosos temas de dramas y novelas que concebía» (citado por Rica Brown, en *Bécquer*, Barcelona, Aedos, 1963, p. 324). Nada se dice de las *Rimas*, lo cual, unido a la circunstancia de estar por entonces en posesión del ministro, hace pensar que las copiaría en dicho cuaderno tiempo después, cuando la Revolución de Septiembre determinó la pérdida de las *Rimas* en el domicilio de González Bravo. Con ello queremos insistir, como parte de la crítica ya ha hecho, en que identificar a las *Rimas* becquerianas con el título de *Libro de los gorriones* es un contrasentido. Se trata de un libro del que sólo conocemos los vagos proyectos, la *Introducción sinfónica* y el fragmento *La mujer de piedra*. Las rimas copiadas al final del ejemplar corresponden a los poemas que recordaba (como él mismo dice) «del libro perdido», que no se puede identificar totalmente con la colección de las llamadas *Rimas* en la edición póstuma.

Durante el año 1869 Gustavo y Valeriano residían en Toledo, aunque Gustavo hizo frecuentes visitas a la capital. Narciso Campillo, que estaba instalado en Madrid desde el verano de ese año, es quien nos dice que Bécquer volvió a copiar sus *Rimas* tras la pérdida del manuscrito de González Bravo. Las copia al final del cuaderno *Libro de los gorriones* con la indicación inicial «Poesías que recuerdo del libro perdido». No sabemos con seguridad si las escribió completamente de memoria (lo que no parece muy probable) o si también se sirvió de algunas copias sueltas, como las encontradas para algunas de ellas. Es posible que utilizase los dos recursos, sobre todo porque los poemas no están tan descuidadamente escritos en el cuaderno como podría presumirse si hubiesen sido trasladados completamente de memoria, y porque la misma escritura denota, más que una redacción precipitada, una copia calculada y tranquila. Pudo memorizar algunos, trasladar otros, impresos ya (los menos), y servirse de copias parciales para el resto. En diciembre de 1869 Bécquer se trasladó a Madrid.

Julia Bécquer cuenta detalles de la estancia en Toledo de Gustavo Adolfo con Valeriano y los niños, detalles llenos de ternura y emoción familiares, en donde los hermanos se comportaban con sus hijos como si fueran otros chiquillos, y en donde Gustavo acostumbraba a tocar la guitarra y la flauta. También Valeriano parece que fue muy aficionado a la música, según testimonio del propio Gustavo.

De vuelta a Madrid, en enero de 1870 pasó a dirigir *La Ilustración de Madrid* en su vertiente literaria, en donde publicó gran cantidad de artículos y alguna rima (la IV). Son artículos menores comparados con las *Leyendas* y otros escritos suyos más importantes. Durante el verano de 1870 cayó enfermo Valeriano, falleciendo en septiembre. Todos los amigos del poeta coincidieron en que la muerte del hermano trajo como consecuencia una herida en el poeta difícil de curar. El mismo Narciso Campillo dijo: «Gustavo fue herido de muerte: ¡Tal fue el abatimiento y pesar que produjo en su alma la pérdida de este hermano y compañero, con quien había compartido siempre su bolsillo, sus esperanzas, sus grandes penas y alegrías breves, su habitación y su vida!» (citado por R. Brown, p. 363). El poeta redactó una semblanza de Valeriano, que utilizará Ramón Rodríguez Correa para escribir un artículo necrológico sobre el pintor y dibujante en *La Ilustración de Madrid* (12-10-1870).

A la muerte de su hermano, Gustavo cambió de domicilio, que trasladó a la calle de Claudio Coello; se reunió entonces con él Casta, quien, según la sobrina del poeta, consideraba a Valeriano como un enemigo. Cayó después Bécquer en un abandono total, incluso físico, si hacemos caso del testimonio de sus amigos. En diciembre de 1870, un día de un frío intensísimo, Bécquer y Nombela, que se encontraban en la Puerta del Sol, decidieron coger un ómnibus, que les llevaría al barrio de Salamanca. Según cuenta el propio Nombela, los asientos del ómnibus estaban ocupados y Gustavo decidió subir a la imperial del carruaje, donde quedaba algún sitio libre. Nombela trató de disuadirle a causa del frío, pero Gustavo se empeñó e hicieron el viaje. Los dos llegaron enfermos a casa. Bécquer tenía que guardar cama y fue empeorando poco a poco. El 20 de diciembre reunió toda su correspondencia y la quemó en presencia de Augusto Ferrán. Se trataba de su correspondencia amorosa e íntima y el poeta la rompió según dijo «porque sería mi deshonra». Con ello se perdió unos de los testimonios más importantes para reconstruir su historia amorosa. El 22 de diciembre murió el poeta. Una de sus últimas recomendaciones fue que cuidaran de sus niños. Sus últimas palabras, según Rodríguez Correa, fueron: «¡Todo mortal!». Tenía entonces treinta y cuatro años. Durante el entierro de Bécquer, Casado del Alisal, el gran pintor, propuso a los amigos de éste (Campillo, Rodríguez Correa, Ferrán) publicar sus obras, lo que efectivamente hicieron al año siguiente. Se imprimió en la imprenta de Fortanet. El libro, en dos volúmenes, llevaba un emocionado prólogo de su amigo Ramón Rodríguez Correa y un grabado del poeta yacente. Todos los testimonios de los amigos coinciden en considerar que lo que el mundo podía conocer del poeta después de muerto era un pálido reflejo de lo que habría alcanzado con su madurez y lo que podría haber realizado en ésta. Bécquer era consciente de que en vida había sido subestimado. Según el testimonio de Ferrán, dijo antes de morir: «Si es posible, publicad mis versos. Tengo el presentimiento de que muerto seré más y mejor leído que vivo». Este presentimiento se convirtió en una realidad que seguramente, por su magnitud, no hubiera llegado a sospechar el poeta.

El propio Bécquer no fue parco en mostrar la índole de su mundo poético. Muchas de sus *Rimas* lo ilustran, pero además algunos textos, como las *Cartas literarias a una mujer* y la recensión a *La Soledad* de Ferrán, más otros escritos menores, son una muestra clara de su preocupación por hacer explícito éste. Después de los estudios al respecto de Balbín, López Estrada, J. P. Díaz, Díez Taboada y otros, tenemos ya un marco interpretativo suficiente y claro.

Bécquer, como dice Balbín, distingue perfectamente entre el *acto poético* y el *signo poemático* (*Poética becqueriana*, Madrid, Prensa Española, 1969, pp. 7 y ss.). Quiere esto indicar que para el poeta, como él mismo dice, «la poesía es en el hombre una cualidad puramente del espíritu; reside en su alma, vive con la vida incorpórea de la idea, y para revelarla necesita darle una forma. Por eso la escribe» (*Cartas litera-*

rias a una mujer, I). Igualmente, en la rima I, por ejemplo, dice: «Yo sé un himno gigante y extraño / que anuncia en la noche del alma una aurora», es decir que el poeta concibe la «poesía» como algo interior del alma, que necesita del «poema» para ser manifestado y comunicado. Es una teoría de esencia platónico-romántica, muy lejos del concepto clásico de «arte u oficio» y también del moderno de que sólo hay «poesía» en el poema. Bécquer vive y siente el mundo de sueños del alma, que se distingue del «realismo» y pragmatismo del mero oficio literario. Por eso Bécquer huye de la retórica del lenguaje, de los artificios mecánicos y brillantes, de las «pompas de la lengua», y él se decide por una expresión «natural, breve, seca, que brota del alma como una chispa eléctrica, que hiere el sentimiento con una palabra y huye, desnuda de artificio, desembarazada dentro de una forma libre» (recensión de *La Soledad* de Ferrán, II). Naturalmente que esto no quiere decir que el poeta no utilice artificios elementales y retóricos, que son la esencia del lenguaje literario, pero acude a ellos porque es inevitable, puesto que en el fondo no cree que la palabra pueda expresar todo el contenido de ese «himno gigante» que canta dentro de su alma. Esta idea de imposibilidad de expresar la auténtica poesía es un verdadero *leitmotiv* de su obra literaria y de su pensamiento. La indica en su *Introducción sinfónica*, forma parte del núcleo temático de muchas *Rimas* (I, IV, V, etc.), ya sea en sí mismo (como en la rima I), ya asociado a otras vivencias, (XXI, XXIII, XXIX, etc.), generalmente de carácter amoroso. Es bien sabido que en Bécquer la mujer, la poesía y el amor forman un triángulo en el que cada uno de los lados se prolonga sobre el otro hasta confundirse. Por ello es difícil separar tajantemente unos conceptos de los otros. Pero lo que da Bécquer en sus textos no son sino leves atisbos de lo que trata de expresar, porque él no cree en las definiciones, ni parece muy amigo de ellas para comunicar esos sentimientos básicos (y decimos sentimientos, porque para él tan sentimiento es la mujer, como el amor o como la poesía). El mismo decía: «¡Definiciones! Sobre nada se han dado tantas como sobre las cosas indefinibles». Y hablando con la imaginaria mujer de sus *Cartas*, dice también: «¿Quieres saber lo que es el amor? Recógete dentro de ti misma, y, si es verdad que lo abrigas en tu alma, siéntelo y lo comprenderás, pero no me lo preguntes». Es claro, entonces, que para el poeta no hay forma humana de saber lo que es la poesía sino «sintiéndola» y sintiéndola en el alma.

En los textos becquerianos hay dos fuerzas: una tendente a lo sutil y etéreo, y otra eminentemente ascendente, que a veces le lleva al origen de esa fuerza cósmica y de la naturaleza: Dios: «A Dios, foco eterno y ardiente de hermosura, al que se vuelve con los ojos, como a un polo de amor, el sentimiento del alma». (*Cartas...*, IV). Fijémonos en un dato fundamental: cuando en la carta III el poeta aparece con la mujer durante el crepúsculo de la mañana, describe así el inminente amanecer: «La naturaleza comenzaba entonces a salir de su letargo con un sordo murmullo. Todo a nuestro alrededor estaba en suspenso y como aguardando una señal misteriosa para prorrumpir en el gigante himno de alegría de la creación que despierta». Cuando la mujer pregunta «¿Qué es el Sol?», el poeta señala la plena luz de su foco. Si establecemos una comparación entre este texto y el anterior, con el que concluye la carta IV, observaremos que en los dos casos (el Sol, Dios) aparece la imagen del «foco» en correspondencia inequívoca. La naturaleza y Dios, por tanto, son observadas por Bécquer desde el prisma de la dependencia creadora; y a través de una se llega de alguna manera al otro. Así la Naturaleza y la belleza que comporta no son factores aislables del Todo que la armoniza, ni siquiera poéticamente es independiente el ser bello natural. Como ha visto muy bien Balbín, en un párrafo que ilustra lo que decimos: «El ser es bello tan sólo en cuanto puede ser *foco o polo* y asiento de la relación espiritual alterocéntrica que constituye el acto poético, a través de un nexo imaginativo y creador. Esta concepción da pie a que el poema becqueriano sea siempre breve y sobrio en la denotación de personas, paisajes y objetos, ya que únicamente como polos relacionables, y no como seres enumerados y descritos, tienen entrada en el texto poético» (*Poética becqueriana*, p. 36).

También *Las cartas literarias a una mujer* son un testimonio de su indagación en el fenómeno de la imaginación y de los sueños. Hay múltiples referencias a él, que sería ocioso mencionar, pero recuerdo una frase que escribe el poeta en la carta IV, cuando, después de entrar en San Juan de los Reyes, se abandona a sus pensamientos, que dice: «Mis deseos comenzaron a hervir y a levantarse en vapor de fantasías». Curiosamente esta frase coincide gráficamente con su conocido dibujo «El poeta y las musas». No olvidemos la estrecha relación que para el poeta tienen las artes, ni su afición a la pintura y a la música. Bécquer suele hacer plásticas sus ideas y, complementariamente, sus textos poéticos a veces van acompañados por diseños, producto de su imaginación plástica.

Cartas desde mi celda

Estudio de las cartas *Desde mi celda*

Acostumbrados al Bécquer poeta en verso de las *Rimas*, pue de extrañar que el Bécquer de la prosa se presente (pese a la fama de las *Leyendas*) con un peso específico de la misma, o similar, relevancia. Y no es sólo por las referidas *Leyendas*, sino por muchos otros escritos de muy diversa índole. Dejando a un lado los artículos de revistas periódicas más circunstanciales, en las cuales asimismo publicó varios escritos, de alguno de los que luego nos ocuparemos, si bien entre ellos hay crónicas de diferente tipo y textos más o menos ocasionales que no son de nuestro interés en este lugar ni momento, hay que considerar las *Cartas* (lo mismo las llamadas *Cartas literarias a una mujer* que las llamadas *Desde mi celda*), que son escritos, que, no por publicarse en la prensa periodística de entonces, dejan de ser creaciones meramente literarias (en la primera edición de 1871 *Desde mi celda* se publican con el subtítulo «Cartas literarias»), y aun diría que son esencialmente poéticas. De esta manera, descubriremos con asombro que Bécquer era un gran artista de la prosa y que su actividad prosística creadora no es en absoluto desdeñable, y menos relegable, a un segundo plano. El detalle, el rasgo, la breve descripción, la observación, la intuición de las cosas están siempre presentes en cualesquiera de sus escritos.

El mundo de Bécquer se mueve en una dimensión artística y aun poética casi siempre. Esta afirmación, que puede parecer demasiado obvia, sin embargo podría serlo no tanto, en un principio, si nos referimos a las obras en prosa del autor, dejando al margen, hasta cierto punto las *Leyendas*, aunque, como ya veremos, muchos de los escritos del poeta, incluso los realizados en prosa, participan de las características poéticas que reservamos exclusivamente para la poesía en verso, no sólo por el alma (sentimiento, imaginación y sensibilidad), sino por el ámbito artístico y hasta por los temas de la naturaleza, la pintura y la arquitectura, es decir, por los temas que guardan alguna relación con el arte. Como quiera que la cuestión de las cartas *Desde mi celda* ya fue tratada por nosotros desde esta perspectiva, nos remitimos a dicho estudio para cualquier pormenor o aclaración de este contenido (véase E. Rull, «Estructura poética de las *Cartas desde mi celda*», 1995, pp. 251-264). Pues ya quedó expuesto en dicho trabajo que el escrito becqueriano al que hacemos referencia, pudiendo pertenecer por su forma al género epistolar; por su contenido, a las narraciones legendarias; por sus autorreferencias, al género autobiográfico; por su función en el medio, al género periodístico; es así que, perteneciendo a todos ellos, no pertenece exclusivamente a ninguno, y, en última instancia, todo parece moverse en un terreno poético de imposible adscripción concreta y menos aún exclusiva. Recordemos que estamos en una época de indefiniciones todavía románticas, en donde los autores no gustan adscribirse a ningún sistema, género o doctrina. Si volvemos la vista atrás, veremos incluso cómo Goethe subtitula su *Autobiografía* como *Poesía y verdad* (*Dichtung und Wahrheit*), y ya desde su obra novelística (*Werther*) están mezclados sentimientos personales y autobiográficos, recuerdos de aficiones y vocaciones teatrales (*Los años de aprendizaje de Wilhelm Meister*), combinada la narración general con anécdotas y cuentos, etc. Y si traemos a colación la egregia figura del príncipe de las letras germanas es porque hallamos muchos puntos de encuentro con nuestro poeta, aunque también existan notabilísimas diferencias. Hay, por ejemplo, un dato en la biografía de Goethe que sirve de modelo perfecto para lo que habría de decantarse la vida y la actividad de Bécquer, nos referimos al siguiente párrafo revelador, que ahora transcribiremos, y que habría suscrito el propio poeta español si hubiera estado en las mismas circunstancias. A Goethe, como a todo hombre de inteligencia y de criterio superior, le resultaba difícil hallar el ambiente adecuado a sus aspiraciones; mas, en una ocasión que se encontraba en Leipzig, tuvo la suerte de frecuentar a Oeser, Krenchauf, Winkler y otros hombres, quienes se solazaban con los tesoros artísticos que poseían, compartían o contemplaban. Y en todos ellos animaba el espíritu del gran Winckelmann. Y el poeta, al trabar conocimiento de estos y otros miembros de tal ambiente, exclamó: «No había preferencia por asuntos religiosos ni profanos, urbanos o rústicos, vivos o inanimados, lo que interesaba únicamente era el punto de vista artístico» (Goethe, *Poesía y verdad*, Madrid, Calpe, 1922, tomo II, p, 133). En cierto modo, esto es lo que pasó con Bécquer, quien, descendiendo de familia de pintores, vivió el arte desde su infancia, y luego durante toda su vida, al lado principalmente de su famoso hermano, el pintor Valeriano Bécquer. Ambos eran dibujantes, Gustavo Adolfo dejó también testimonio de ello y anécdotas biográficas. Mantuvo contacto además con Casado del Alisal y otros pintores, artistas y literatos de su tiempo. El arte fue prevalente en su vida, y en todos sus textos se puede rastrear su huella. No sólo la pintura, o la poesía, sino también la música, la escultura y la arquitectura. Su obra *Histo-*

ria de los templos de España responde a este sentimiento e idea, además de un homenaje histórico a la fe de sus antepasados españoles. Como ha señalado J. M. Díez Taboada (Bécquer, *Rimas*, ed., 1965, p. 11), esta empresa suponía dejar «en manos de un joven de veintiún años, sin estudios superiores» una obra de tal envergadura; pero no estaba solo, porque los mejores artistas, historiadores, arqueólogos y literatos estaban prestos a colaborar con él. Por eso nos parecía pertinente el paralelo con Goethe. Además, el arte en sus diversas facetas reside en toda su obra, sorprendentemente incluso se puede hallar hasta en sus *Rimas* (música hay en la rima I, VII, XXIV, LV; arquitectura, en la rima XLV, LXXIV, LXXVI, etc., y casi todas son pintura, música y siempre poesía).

Importante me parece señalar cómo en dichas cartas hay un itinerario real, que supone el viaje al monasterio de Veruela, y otro que subyace a éste, un itinerario simbólico o mítico si se quiere, que se impregna de lo legendario, de la religiosidad, y lo que es quizá más revelador, de la propia poesía. Nuevamente se me ocurre la relación con Goethe, quien en su obra *Poesía y verdad* y en su *Wilhelm Meister* describe estas relaciones entre realidad y poesía de manera admirable. Hay que indicar, por tanto, que en las *Cartas* de Bécquer existe un camino que se desarrolla en un ámbito geográfico, del que se deriva al histórico de las esencias arquitectónicas y artísticas que observa, mientras que paralelamente se va descubriendo la intimidad del hombre, sus circunstancias personales, siempre subjetivas, porque como comentase su biógrafa, Rica Brown, extrañamente nunca o casi nunca habla de su familia (excepto de Valeriano, claro, que compartía con él idénticas inquietudes artísticas), pero ni falta que hace, pues, como señalamos, *Desde mi celda* no es esencialmente una obra autobiográfica. Y si bien se parte de una circunstancia real de su propia biografía, se traslada luego al pasado, a la evocación histórica, es decir al terreno de la imaginación, y de ahí al del ensueño, la leyenda y la fantasía, pero, como la realidad que percibe tiene un contenido religioso, encuentra el camino de la piedad, la huella de lo espiritual, cuyo conjunto le conduce a la vivencia interior más profunda, a lo que en términos de José Luis Varela podríamos llamar «transfiguración poética» («Mundo onírico y transfiguración en la prosa de Bécquer» en *La transfiguración literaria*, 1970, pp. 147-194). También es cierto que las *Cartas* tienen un propósito de «viaje», más humilde que el de los grandes viajes artísticos como aquellos a Italia de Goethe o Stendhal, pero con un idéntico propósito de contemplación, de inquietud artística y de observación de las costumbres del lugar visitado.

En esta descripción especulativa no querríamos que se nos perdiese el rumbo de los intereses becquerianos concretos. El poeta daba la máxima importancia a los aspectos de mayor detalle de lo que observaba, le interesaba mucho lo meramente popular, que, como es sabido, para los románticos (aunque Bécquer fuese realmente un posromántico), era la raíz y verdadero núcleo de la poesía, como muy bien mostró el propio poeta en su «Recensión a las *Soledades* de Augusto Ferrán».

Nuestro autor se movía bien lo mismo en las cuestiones de importancia menor, como en las costumbres locales o personales, en los detalles o los rasgos concretos de las cosas e individuos, que en las grandes visiones generales, los paisajes grandiosos y las perspectivas abismales, e incluso en la introspección individual. En lo primero, sería heredero del costumbrismo; en lo segundo, de los preománticos como Senancour, y en el subjetivismo introspectivo, de los románticos como Byron. Podemos ya ver todo esto en la primera de las *Cartas desde mi celda*. Hay tres párrafos reveladores: el primero es la descripción de una mujer; el segundo, la contemplación de un pasaje grandioso; el tercero, la descripción de la propia situación personal. Así, dice en el primero:

> Una muchacha, con su zagalejo corto y naranjado, su corpiño oscuro, su camisa blanca y cerrada, sobre la que brillan dos gruesos hilos de cuentas rojas, sus medias azules y sus abarcas atadas con un listón negro que sube cruzándose caprichosamente hasta la mitad de la pierna, va y viene cantando a media voz por la cocina, atiza la lumbre del hogar, tapa y destapa los pucheros donde se condimenta la futura cena, y dispone el agua hirviente, negra y amarga, que me mira beber con asombro.

Se trata simplemente de una muchacha del servicio que les prepara la cena, pero ¡qué detalles en la visión de su atuendo y de sus trajines, qué dotes de minuciosa observación, fina y elegante a la vez, en su propia sencillez! Irremediablemente este estilo nos recuerda épocas más recientes, y por ello podemos pensar que estamos ante un claro precursor del propio Azorín.

El segundo texto nos lleva a otro mundo:

> En el fondo de este valle, cuya melancólica belleza impresiona profundamente, cuyo eterno silencio agrada y sobrecoge a la vez, diríase, por el contrario, que los montes que lo cierran como un valladar inaccesible nos separan por completo del mundo.

Aquí Bécquer trata de expresar con un lenguaje más elevado la altura del paisaje y la soledad del mismo, de forma que, a través de su contemplación, se pueda suscitar la amplitud del espíritu que despiertan las cosas hermosas de la Naturaleza.

Aun se podría considerar un tercer texto en el que el autor expresa sus propias vivencias en la celda que ha escogido como lugar de residencia en el monasterio de Veruela:

> Cuando sopla el cierzo, cae la nieve o azota la lluvia los vidrios del balcón de mi celda, corro a buscar la claridad rojiza y alegre de la llama, y allí, teniendo a mis pies al perro, que se enrosca junto a la lumbre, viendo brillar en el oscuro fondo de la cocina las mil chispas de oro con que se abrillantan las cacerolas y los trastos de la espetera, al reflejo del fuego, ¡cuántas veces he interrumpido la lectura de una escena de *La Tempestad*, de Shakespeare, o del *Caín* de Byron, para oír el ruido del agua que hierve a borbotones, coronándose de espuma, y levantando con sus penachos de vapor azul y ligero la tapadera de metal que golpea los bordes de la vasija!

Ésta sería otra muestra del estilo y de la forma en que se exponen los asuntos y la expresión de las *Cartas*, la que se refiere a la situación concreta, personal y subjetiva del personaje-autor que habla desde su propio yo, inserto en una circunstancia concreta y una vivencia específica.

A partir de estos tres textos se puede verificar el *modus dicendi* becqueriano, reductible a tres modos de hacer poesía en prosa, que constituyen la cosmovisión de las *Cartas* y, en cierto modo, de la propia persona que las compone, pues efectivamente en el mundo anímico-poético de Bécquer hay innumerables registros pero que, en última instancia, pueden reducirse a estos tres, que, a su vez, podrían simplificarse en las tres notas estilísticas siguientes: detallismo, naturaleza y subjetivismo. Ello le permite una enorme variedad de posibilidades literarias, como ahora trataremos de comprobar en cada una de las *Cartas*.

En la primera, el autor trata de situar la acción de las mismas y su personal circunstancia, ya que es el verdadero protagonista de su propia aventura: un viaje al monasterio de Veruela, y lo primero que hace al dirigirse a sus amigos en la carta es señalar el contraste entre la vida en la ciudad (Madrid) con su Congreso, su Teatro Real, la redacción del periódico, etc., frente a la soledad del monasterio, la lumbre del hogar, el gemido del viento, etc. Es un tema muy antiguo que trataron los clásicos: el del «Beatus ille» horaciano, que ejemplificaría en España, mejor que nadie, Fray Luis de León en su poema «Vida retirada» y en tantos otros textos suyos. Pero en Bécquer no se reduce a alabar la vida del campo frente a la ciudad sino a «pintar», en sus distintos avatares, un verdadero y curioso «cuadro de costumbres» que es precisamente lo que él mismo dice que se podría hacer (no que él lo haga), pero esa misma advertencia ya nos habla de que en su carta hay algo que enlaza con el costumbrismo, que en realidad es más que una simple forma de abordar dicho encuadre, pues forma parte importante del escrito, como ahora veremos.

Un elemento muy característico de la época, que ya Bécquer adelanta aquí, es el tren. En el mismo año que las cartas *Desde mi celda*, publicó *Caso de ablativo*, que no es sino un artículo periodístico, o, mejor, una crónica sobre la inauguración en 1864 del ferrocarril del Norte, que le permiten al poeta, en diecisiete horas de viaje en tren, describir el trayecto que va desde Madrid hasta San Sebastián, pasando por El Escorial, Ávila, Medina del Campo, Valladolid, Burgos, Miranda de Ebro, Olazagoitia, Beasaín, y, finalmente, San Sebastián. Pero no se crea que se trata de una crónica viajera sin más, es un precioso texto que tiene mucho que ver con sus meditaciones, sueños y poesía interior tomando como excusa ese largo trayecto que nos descubre su alma y el de las tierras que va contemplando, y soñando a la vez, hasta el punto de que, como ha señalado la crítica, es un adelantado del espíritu de la Castilla azoriniana (A. Suárez, *El Gnomo*, 4, 1995). De la misma manera, en *Desde mi celda*, tenemos un viaje en tren, pero esta vez lleno de episodios anecdóticos de índole personal propios de los viajes de este tipo. Así, por ejemplo, como él mismo dice, empezó «a pasar revista a los compañeros de mi coche», y naturalmente esto le sirve para fijarse en unos tipos característicos, como si de un artículo de Mesonero Romanos o Larra se tratase. De esta manera, nos describe a una joven francesa con su aya, a un pulido inglés imperturbable y de altivez «olímpica», a un señor rechoncho, etc., y los diversos episodios que se suceden entre ellos, que no vamos a detallar aquí, pero que son jugosos sin duda. Todo un muestrario de costumbrismo, pero penetrado a veces de ensoñación poética subjetiva («Eché a volar la fantasía») y, lo que es más llamativo, de un sentido del humor que hubiéramos sospechado ausente en el poeta. Al final llega a Veruela a reponerse de su maltrecha salud.

La carta II, en cierto modo continuación temática de la anterior, nos muestra al poeta como periodista en busca de un tema para su crónica, volviendo de nuevo a contraponer la agitación madrileña a la calma y al recogimiento de Veruela, cuyo monasterio describe ahora, y cuya observación le sirve para describirse a sí mismo en una actitud contemplativa muy similar a la del poeta de *Pensamientos*. Efectivamente, este último texto no es más que una explanación poética de un «yo» anhelante que trata de encontrar cobijo en otros «yoes» similares ante la expectativa de una mujer amada desconocida y que nunca se hallará, y que recuerda algún texto de sus *Rimas* (por ejemplo la rima XI). En Bécquer podemos decir que constituye un verdadero *leitmotiv* que ha tenido fortuna en la poesía posterior, por ejemplo, en la de Rubén Darío en sus *Nocturnos* como ya vimos en nuestro estudio («*Pensamientos* de Bécquer y *Nocturnos* de Darío», 1969, pp. 563-579). Pero aquí es distinto, ya que el arranque del motivo es más prosaico, pues lo que aparentemente espera es el periódico, aunque más adelante da rienda suelta nuevamente a su imaginación e idea personajes fantásticos que desfilan ante sus ojos y de los que, dice, quizá algún día germinen en su cerebro y se sirva de ellos para algún escrito. Por fin llega el correo y, con él, el ansiado periódico. Entonces se sumerge en el torbellino de las noticias, del que parece despertarle el tañido de las campanas del monasterio y el eco de las de otros lugares del Somontano donde «todo se ha ahogado en aquella música divina», dice. El motivo de las campanas en Bécquer es muy importante. Como vimos en otro trabajo nuestro, este motivo está ya en Larra en «El día de difuntos de 1836», pero, lo que allí era un anuncio de la muerte, en Bécquer es además el centro neurálgico y poético de su artículo «La noche de difuntos» (véase éste y nuestro estudio correspondiente en *Bécquer periodista*, 2016, pp. 403-4015).

En Bécquer siempre hay un lugar para la meditación. Recoge el periódico y marcha a su celda. La trascendencia ha roto la «magia» aparente del cercano pasado periodístico, y la contemplación de la proximidad del monasterio impone un aire religioso y poético a un tiempo, en donde la abadía, el huerto, el claustro, las estatuas de guerreros y abades inundan su imaginación rompiendo el círculo férreo de la mundana realidad. Esa realidad se presenta como una carrera loca, en la que todos aparecen agitados y veloces hasta que la muerte les hace desaparecer repentinamente como caídos por un «escotillón», imagen que le sugiere a Bécquer la idea de que esa vida ajetreada y absurda acaba como una comedia, abundando en el concepto calderoniano del mundo como teatro. Pero lo suyo no es una huida, es una proyección al trasmundo, al que tiende la imaginación fuertemente poetizante y artística del autor, a través de la cual «poesía y verdad», como diría Goethe, se ofrecen como una sucesión circular inevitable, un fluir constante de una a otra, que es quizá la característica fundamental de esta carta II. De ahí también la imagen de la danza y del torbellino que envuelve a todos («no veo en esa agitación continua, en ese ir y venir, más que lo que ve el que mira un baile desde lejos: una pantomima muda e inexplicable, grotesca unas veces, terrible otras»). Ahora esa danza le envuelve a él también, que recuerda inevitablemente la grotesca *La valse* de Ravel, quien destruye el bello vals vienés en una esperpéntica danza que conduce a su propia descomposición, entre grotesca y trágica (recordemos que Ravel lo compuso a poco de acabar la Gran Guerra). También preludia otra absurda danza poética titulada precisamente «El vals» de nuestro laureado poeta Vicente Aleixandre, de tonos ya claramente surrealistas.

Por eso trata de excusarse al final de la carta, pues ya que escribe para un periódico político (*El Contemporáneo*) la secuencia de las dos cartas que ya lleva escritas parece romper la armonía del conjunto como testimonio de un viaje. Y así decide llamarlas «Introducción y Preludio», como si de una obra sinfónica se tratara. Recordemos que uno de los textos más conocidos suyos es el que aparece en 1868 como «Introducción Sinfónica» en el llamado «Libro de los gorriones», que es el manuscrito de sus proyectos y de la mayor parte de su poesía, y que normalmente muchos editores encabezaron con él sus obras o sus textos poéticos. Por tanto, Bécquer tenía la idea de componer siempre unos escritos que tuvieran una unidad y a la vez variedad como las de los movimientos diversos de una sinfonía.

En este sentido, no es ocioso pensar que exista una verdadera progresión en la composición de los textos de *Desde mi celda*, pues así parece sugerirlo esta continuidad de los dos primeros y su continuación en la Tercera, que a algunos críticos, como J. M. Díez Taboada, ha parecido necesario dedicarle un estudio especial (especialísimo es, pues se trata de uno de los mejores trabajos sobre Bécquer que se hayan escrito nunca, titulado «La significación de la Carta III *Desde mi celda* en la poética becqueriana», 1992, pp.133-168) y lo merece, pues quizá es el texto más importante de *Desde mi celda* desde el punto de vista poético y humano. Realmente esta carta tiene una difícil adscripción al género epistolar y menos aún a un artículo periodístico. Semeja una explosión de subjetivismo. Ciertamente es un profundo y desengañado análisis de su alma. El tema crucial es la muerte, pero ante ella se alza la vida con dos aspiraciones esenciales de las que luego hablaremos. La estructura temática y narrativa es igualmente bimembre. Su argumento se divide en dos grandes secciones. La primera adopta el aire de una crónica descriptiva de un pueblo e inmediatamente dentro de su descripción se centra en su cementerio, contraponiendo su desagrado ante los cementerios de las urbes, ordenados según unos fríos cánones geométricos, a los cementerios de los pueblitos, en los que la naturaleza salvaje adorna las tumbas de flores (amapolas, margaritas y campanillas), mariposas y pájaros. El poeta entonces se evoca a sí mismo en su añorada niñez y adolescencia y, sentándose en una piedra, deja correr sus sensaciones y pensamientos. Rememora sus años en Sevilla, sus lecturas de entonces (Rioja y sus cantos a las flores, Herrera y sus elegías) y el Betis mítico con sus ninfas y náyades. La segunda parte de la carta, si es que se puede dividir en dos un texto bastante unitario en su tono ensoñador, nos habla de algo más profundamente personal:

la visión de su propia muerte y de sus ocultos deseos de gloria. En esa visionaria evocación ve su tumba, los álamos que se balanceaban sobre su sepultura, las manchas de musgo en su losa, las azules campanillas (tema estudiado magistralmente por Díez Taboada, 1975, pp. 241-253), todo un conjunto de fantasías que entonces llenaron su alma y que ahora vienen a su mente para completarse con otros ideales. Así, la idea de la gloria del poeta le conduce a la idea del caballero guerrero («yo hubiera querido ser un rayo de la guerra»), que deja honda huella en los hombres, y morir como tal en un combate heroico, y vivir por fin en la paz del sepulcro de un claustro, en donde dos estatuas de guerreros con armaduras velarían su eterno sueño. Las descripciones de ese fantasmal claustro son de lo mejor escrito por Bécquer e inevitablemente nos lleva a proyectar sobre ese sueño el intenso aroma de algunas de sus *Rimas*; pensemos por ejemplo en la rima LXXVI («En la imponente nave / del templo bizantino…»). Los templos, las estatuas, los sepulcros, las campanas… Hay una brisa de poesía sepulcral en Bécquer, sobrecogedora, que cualquier lector puede atisbar a poco que recuerde otra rima, la LXXIII («Cerraron sus ojos…»). A partir de aquí toda la carta queda transida de una ensoñación claustral y nocturnal en donde el rayo de luna, los lamentos del aire, el tañido de la campana y la melancolía poética se enseñorean de la misma con la fuerza de una imaginación creadora que conduce al poeta a pintar un cuadro de trasmundo con el que la vida propia se diluye en el más angustioso desengaño, pues el Bécquer magnífico pintor deja paso al triste estoicismo de un Larra próximo a la muerte. Al final no desea vivir como un hombre sino como una «planta», para no sentir el dolor de la vida, en una clara decisión de renuncia existencial que le hace precedente del Rubén Darío de «Lo fatal» y de los existencialismos posteriores. Queda, no obstante el tremendo desengaño, una impresionante pintura sepulcral, no exenta de cierta necrofilia romántica, pero llena del ideal caballeresco de su admirada Edad Media, y un augurio personal de ecos poéticos indudables: «Ello es que cada día me voy convenciendo más que de lo que vale, de lo que es algo, no ha de quedar ni un átomo aquí». ¿No participa esto de algunas sugerencias poéticas de algunas rimas? Así, por ejemplo, la XXXV, que concluye «Porque lo que hay en mí que vale algo / eso ni lo pudiste sospechar», o mejor la XXXVIII, que concluye también con la gran indefinición «Dime, mujer: cuando el amor se olvida, / ¿sabes tú adónde va?». ¿Se trata de un pesimismo materialista o más bien, habida cuenta de estas sugerencias poéticas mencionadas y del revelador «aquí», de una proyección espiritualista hacia lo absoluto? Y dentro del conjunto simbólico musical en el que se inserta este texto, habríamos de rotularlo como una especie de «Adagio fúnebre».

Después de esta tremenda carta III, la siguiente (IV) es una especie de elegía al pasado. En *Desde mi celda*, Bécquer, al proyectar este viaje a Veruela, no tarda en percatarse de un fenómeno muy característico de su época, la distancia que hay entre la moderna civilización y las viejas costumbres rurales. Al principio de su estancia, como ya vimos, captó el abismo entre el ajetreo madrileño y la paz y el sosiego de los lugares próximos al Moncayo y al monasterio aragonés, pero después empezó a observar el lugar, su pasado, las costumbres, el tiempo en su transformar y deshacer las cosas, y observó con pena una época que se iba y que nadie se preocupaba de retener. Solamente parece decirnos: el poeta sería el encargado de reavivar «las poéticas tradiciones, las derruidas fortalezas, los antiguos usos de nuestra vieja España», para ello se necesitaría «un supremo esfuerzo de la fantasía», unida al conocimiento de la época y a la erudición, y para todo esto lo único que pide es «un poco de respetuosa atención para aquellas edades, un poco de justicia para los que lentamente vinieron preparando el camino por donde hemos llegado hasta aquí, y cuya obra colosal quedará acaso olvidada por nuestra ingratitud incuria». A este programa se reduce esta preciosa carta, que es como un canto a la tradición y a la conservación, respeto y cariño a la propia historia, un programa que cualquier alma sensible de cualquier época miraría con la máxima de las atenciones y que curiosamente es un poeta humilde, que ni siquiera había podido publicar sus versos en forma de libro en vida, quien lo expone y a la vez conjura con su verbo el olvido del pasado español y de sus mejores tradiciones, vivas, históricas y populares a que nuestro país estaba abocado. Es un canto, o como él mismo dice «un sentimiento de un profundo dolor se apodera de mi alma» al contemplar la desaparición de las antiguas tradiciones «porque el prosaico rasero de la civilización va igualándolo todo», y «la tradición se rompe y todo lo que no es nuevo se menosprecia», por eso llamábamos a esta carta IV elegía al pasado, un canto que desgraciadamente podría renovarse con idéntica eficacia en otras épocas más actuales.

Como el propio Bécquer es consciente de que esta carta es más un testimonio moral que una descripción directa de la realidad, en la siguiente (la V) decide bajarse a la tierra y describir un pueblo, Tarazona y su mercado. Tarazona, fundada por Roma, es una ciudad de larga tradición medieval, próxima a Veruela, y enclave fronterizo entre Aragón, Navarra y Castilla. Sus monumentos y sus costumbres debieron de atraer al poeta por su diversidad, pues era ciudad donde convivieron en la Edad Media judíos, moros y cristianos. Y naturalmente el mercado era ideal para percibir los mayores contrastes de gentes, atuendos, costumbres y objetos. Ahora, ya no hay tanta especulación como observación y experimentación directa de los hechos actuales. Pero no se crea que Bécquer se limita a una descripción colorista, que la hay también, muy viva, dinámica y larriana a un tiempo, sino que sabedor de lo limitado de la palabra (recordemos su rima I) para describir el conjunto, no los detalles, se lanza a la observación de unos personajes específicos. Pues bien, este cuadro que podría ser un cuadro costumbrista más, se convierte en sus manos en un texto lleno de encanto, de un encanto muy especial. Se da cuenta de que en el mercado hay unos personajes muy peculiares y en ellos se centra. Son las muchachas de Añón. Se trata de unas chicas muy alegres y despabiladas, cuya actividad consiste en recoger leña de los montes próximos y venderla en el mercado. La descripción de las mismas no tiene desperdicio. Le despiertan a él con sus cantos, como los pájaros, con sus gracias y risas; son esbeltas, decididas, diríase que de altivez varonil en su caminar con brío (le recuerdan a las amazonas de las leyendas clásicas), son pobres y trabajan muy duro para comer y llevar a casa un poco de pan negro, pero al poeta le encanta despertarse con su alegre canto y tiene para ellas un reconocimiento para con la dureza de su vida, que opone a la de las ricas damas de la corte, a las que ha visto llorar, pero a las añoneras sólo reír. «Francamente hablando (nos dice), hay en este mundo desigualdades que asustan», pero piensa que Dios tiene siempre la mano tendida para aliviar la carga del pobre. ¡Cómo se eleva el poeta de la realidad a lo pintoresco, de lo pintoresco a lo bello y de lo bello a lo ético! Bécquer, en este cuadro sencillo y a la vez maravilloso, se muestra como un alto poeta moral, como quería Schiller cuando animaba a Goethe a que escribiera no sólo cosas bellas sino de contenido humano más hondo y responsable.

La carta VI introduce una nueva perspectiva en el relato de las cartas, y las dos siguientes (VII y VIII) continuarán similares episodios, ambiente y narración de fabulaciones legendarias, por lo que habría que considerarlas en un solo bloque. Más que una narración psicológica o «filosófica» al estilo de las anteriores, a lo que ahora se enfrenta el poeta, por fin, es al mundo mágico de las leyendas populares, y en concreto al tema de las brujas, pasando así del marco de la realidad local o personal, al de la superstición y la fantasía que entronca con sus famosas *Leyendas*. Eso sí, narrado desde un punto de vista personal. El poeta, perdido en un bosque camino de Trasmoz, va vagando hasta encontrar a un pastor para que le oriente; el pastor le aconseja que no tome «la senda de la tía Casca». Este personaje es, en la creencia popular, una bruja que acosa y persigue a los infelices pastores con quienes se encuentra. A continuación el pastor narra la historia de su fin, de cómo fue perseguida por los mozos para darle muerte, y de cómo ella se puso a rezar hasta que terminaron por arrojarla al precipicio, pese a las protestas de ella alegando que sólo era una pobre vieja sin familia y que tuviesen piedad de ella. Después de narrar el poeta a sus lectores con todo lujo de detalles sangrientos esta atrocidad, ya en su celda, lamenta que estas supersticiones tengan todavía credibilidad entre las gentes de las aldeas, pero, ya en el mundo real, se queda perplejo con que la chica que le atiende cree a pies juntillas esta historia y cómo las brujas son una familia entera que van sucediéndose en sus hechicerías.

La carta VII no es sino la continuación de la historia de «las brujas de Trasmoz». Explícitamente el autor dice que la historia «va de cuento». Estamos, pues, en un marco real similar y en un ámbito poético-legendario que quiere depender de la carta anterior. Ahora nos habla del castillo de Trasmoz y de la historia de las brujas de todo Somontano que se reúnen allí con toda la parafernalia de escobas, machos ca-

43

bríos, sapos, etc., elementos que son propios de su actividad. Y efectivamente nos narra un cuento, pero este cuento no es el de las mencionadas brujas sino el del castillo y de cómo un mago disfrazado de mendigo propuso al rey moro construir el castillo en un día, cosa que así hizo para asombro del rey y de todos los habitantes del Somontano. Este cuento, que ocupa íntegra la carta VII, es una mezcla de leyenda popular y de cuento de las *Mil y una noches*, con los caracteres maravillosos de los cuentos populares orientales, que, por otro lado, podría haber formado parte de las famosas *Leyendas* becquerianas. El texto se reduce, pues, a la descripción mágica de la aparición del castillo ante los ojos perplejos de quienes se acercan a contemplarlo. Por cierto, la descripción progresiva de la aparición del castillo está magnífica y artísticamente poetizada por Bécquer y nos traslada a los motivos del trasmundo medievales. El autor se disculpa por el giro evidente de su narración anterior en la que anunciaba la historia de las brujas, que es precisamente, como compensación de su desvío, lo que va a hacer en la carta VIII.

Esta penúltima carta (la VIII) es como una continuación de las dos anteriores, de tal manera que forman una especie de trío argumental y musical estéticamente hablando. Y ya que hablamos de una estructura libremente sinfónica, corresponderían la carta V, como ya vimos a una elegía, en cierto modo un canto lamentoso de tipo personal, pero lanzado a lo colectivo, y el grupo de la VI, VII y VIII, a una especie de Scherzo con tres tríos sinfónicos constituidos por las tres cartas mencionadas. Así pues, esta carta VIII nos va a narrar por boca de la criada de Bécquer en el monasterio la historia de las brujas. Una vez que el monasterio de Trasmoz pasó a poder de los cristianos, y tras haber sido abandonado, el cura del lugar, ya muy mayor, trajo a una sobrina suya, llamada Dorotea, para que le ayudase. Esta joven de dieciocho años, atractiva y muy amiga de su cuidado físico y de sus aderezos y vestidos, lo que daba lugar a discusiones caseras, no hacía el menor caso de los consejos de mosén Gil, que así se llamaba el cura. Hasta que un día, sentada a la puerta de su casa, se le acercó una vieja llena de jirones para pedirle una limosna, a la que Dorotea le dio la espalda y ante lo que la vieja le habló de que conocía sus pensamientos secretos y que había un señor que la engalanaría de joyas y dijes. Y que lo único que debería hacer era sustituir el agua bendita de la alcoba de mosén por la de una botella que ella le daba; además le entregó un rico anillo de oro con una bella piedra, y quedó en volver por la noche. Las campanas dieron el toque de las ánimas, y la bruja, pues eso es lo que era, se deslizó por la chimenea en forma de gato gris. Después de éste vinieron otros, hasta unos quince, que se convirtieron en sendas brujas, quienes se pasaron la noche confeccionando unos ricos vestidos para Dorotea, que lució en el baile ante la envidia y el asombro de cuantas damas había allí.

Y esta es la historia de las brujas de Trasmoz (para el tema de las brujas es inexcusable el libro de Caro Baroja, 1966), en la que, como se ve, Bécquer procura centrarse en un solo personaje, siendo el resto un personaje colectivo, lo que podríamos llamar en términos musicales un personaje coral. Historia popular, con un sabor a tierra vivida, aunque Bécquer dé una nota culta al concluir su relato haciendo la reflexión de que no pudo por menos de estremecerse ante esta historia y, al contemplar a una de estas brujas cocinando un guiso de patatas, recordar el comienzo del *Macbeth* shakespeariano y el potaje infernal que preparan las brujas.

La carta IX, la última, ha sido objeto de purga total por alguno de sus editores, ya que es la única que tiene título «La virgen de Veruela», y va dirigida a una persona concreta «A la señorita doña M. L. A.». Pero Bécquer dice textualmente «desde una de cuyas celdas he escrito mis cartas anteriores». Lo cual significa que ésta parece continuar la serie, pues enlaza con «mis cartas anteriores», y al advertir que está escrita en relación con las *Desde mi celda*, que tiene mucho que ver con ellas. Añadamos a esto que fue igualmente publicada en la primera edición realizada por los amigos del poeta en el año 1871, por lo que no vemos razón alguna para suprimirla de la serie, más aun cuando la carta que acabamos de ver, la VIII, no supone fin alguno de la mencionada serie. Sin embargo, esta última carta sí puede pasar por una verdadera coronación de *Desde mi celda*, habida cuenta de que aborda un tema legendario que parece ser uno de los motivos fundamentales de la crónica periodística, y que restituye el eje de gravedad de la historia global, al centrarse en un hecho histórico, religioso y legendario, en total armonía con la estancia del poeta en el monasterio de Veruela. La historia legendaria que cuenta es la del señor de Borja, Pedro Atarés, quien yendo un día de caza quedó completamente solo ante una terrible tormenta. Su ánimo comenzó a «desfallecer ante la perspectiva de una noche eterna» hasta el punto de mirar al cielo e involuntariamente lanzar una plegaria a la Virgen, quien le contestó con su presencia. El poeta entonces, ante la imposibilidad de describir la escena, se acuerda de los maravillosos lienzos de Murillo en la catedral de Sevilla que muestra el arte luchando por describir con sus limitados recursos una escena sublime. La salvación de Pedro Atarés por la Virgen dará lugar con el tiempo a la erección del monasterio en honor de aquel suceso milagroso, que Bécquer finalmente comenta con detalle. Y al ver el monasterio ahora «mudo y solitario» con sus torres caídas y las hiedras en los muros y los jaramagos y las ortigas por todas partes «se apodera del alma una profunda sensación de involuntaria tristeza». Y el poeta recurre a su visión melancólica, a su conocida nostalgia poética de las cosas que no volverán (rima LIII) y a la ensoñación de los templos y sus esculturas sepulcrales (rima LXXVI), de tanta gloria sólo queda el recuerdo de una tradición piadosa, y en el poeta, el respeto y admiración de la solemnidad y grandeza, que compartiría con él cualquier persona que se sintiera igualmente conmovida.

Está claro que la anécdota del cazador solitario Pedro Atares es de raigambre medieval y no sería extraño encontrar semejanzas y paralelos con libros de caballerías (como *El conde Partinuplés*, quien también yendo de caza se pierde en un bosque), e incluso con dramas del Siglo de Oro, como algunos de Lope, Calderón o Ana Caro. El propio Bécquer se inspira en la leyenda del cazador extraviado en el bosque en algunas de sus *Leyendas* (por ejemplo en *Los ojos verdes*). Todo esto supone, como hemos ido viendo, que tanto las leyendas de tipo tradicional, que Bécquer construye en *Desde mi celda*, como las intuiciones, preocupaciones, sentimientos, que expresa en las mismas, pertenecen al mundo poético del autor, y se correlacionan frecuentemente con el conjunto de su obra de creación fundamental, sus *Leyendas*, sus propias *Rimas* y las *Cartas literarias a una mujer*, obra que no es, en el fondo, sino una paráfrasis, mitad especulativa, mitad poética, de las anteriores. *Desde mi celda* pertenece pues a ese inagotable acervo de poesía perenne de su autor.

Desde mi celda

I

Monasterio de Veruela, 1864

Queridos amigos:

Heme aquí trasportado de la noche a la mañana a mi escondido valle de Veruela; heme aquí instalado de nuevo en el oscuro rincón del cual salí por un momento para tener el gusto de estrecharos la mano una vez más, fumar un cigarro juntos, charlar un poco y recordar las agradables, aunque inquietas, horas de mi antigua vida. Cuando se deja una ciudad por otra, particularmente hoy, que todos los grandes centros de población se parecen, apenas se percibe el aislamiento en que nos encontramos, antojándosenos, al ver la identidad de los edificios, los trajes y las costumbres, que al volver la primera esquina vamos a hallar la casa a que concurríamos, las personas que estimábamos, las gentes a quienes teníamos costumbre de ver y hallar de continuo. En el fondo de este valle, cuya melancólica belleza impresiona profundamente, cuyo eterno silencio agrada y sobrecoge a la vez, diríase, por el contrario, que los montes que lo cierran como un valladar inaccesible me separan por completo del mundo. ¡Tan notable es el contraste de cuanto se ofrece a mis ojos; tan vagos y perdidos quedan al confundirse entre la multitud de nuevas ideas y sensaciones los recuerdos de las cosas más recientes!

Ayer, con vosotros en la tribuna del Congreso, en la redacción, en el Teatro Real, en *La Iberia*; hoy sonándome aún en el oído la última frase de una discusión ardiente, la última palabra de un artículo de fondo, el postrer acorde de un andante, el confuso rumor de cien conversaciones distintas, sentado a la lumbre de un campestre hogar donde arde un tronco de carrasca que salta y cruje antes de consumirse, saboreo en silencio mi taza de café, único exceso que en estas soledades me permito, sin que turbe la honda calma que me rodea otro ruido que el del viento que gime a lo largo de las desiertas ruinas y el agua que lame los altos muros del monasterio o corre subterránea atravesando sus claustros sombríos y medrosos. Una muchacha con su zagalejo corto y naranjado, su corpiño oscuro, su camisa blanca y cerrada, sobre la que brillan dos gruesos hilos de cuentas rojas, sus medias azules y sus abarcas atadas con un listón negro que sube cruzándose caprichosamente hasta la mitad de la pierna, va y viene cantando a media voz por la cocina, atiza la lumbre del hogar, tapa y destapa los pucheros donde se condimenta la futura cena, y dispone el agua hirviente, negra y amarga, que me mira beber con asombro. A estas alturas y mientras dura el frío, la cocina es el estrado, el gabinete y el estudio.

Cuando sopla el cierzo, cae la nieve o azota la lluvia los vidrios del balcón de mi celda, corro a buscar la claridad rojiza y alegre de la llama, y allí, teniendo a mis pies al perro, que se enrosca junto a la lumbre, viendo brillar en el oscuro fondo de la cocina las mil chispas de oro con que se abrillantan las cacerolas y los trastos de la espetera, al reflejo del fuego, ¡cuántas veces he interrumpido la lectura de una escena de *La Tempestad*, de Shakespeare, o del *Caín* de Byron, para oír el ruido del agua que hierve a borbotones, coronándose de espuma, y levantando con sus penachos de vapor azul y ligero la tapadera de metal que golpea los bordes de la vasija! Un mes hace que falto de aquí, y todo se encuentra lo mismo que antes de marcharme. El temeroso respeto de estos criados hacia todo lo que me pertenece no puede menos de traerme a la imaginación las irreverentes limpiezas, los temibles y frecuentes arreglos de cuarto de mis patronas de Madrid. Sobre aquella tabla, cubiertos de polvo, pero con las mismas señales y colocados en el orden que yo los tenía, están aún mis libros y mis papeles. Más allá cuelga de un clavo la cartera de dibujo; en un rincón veo la escopeta, compañera inseparable de mis filosóficas excursiones, con la cual he andado mucho, he pensado bastante, y no he matado casi nada. Después de apurar mi taza de café, y mientras miro danzar las llamas violadas, rojas y amarillas a través del humo del cigarro que se extiende ante mis ojos como una gasa azul, he pensado un poco sobre qué escribiría a ustedes para *El Contemporáneo*, ya que me he comprometido a contribuir con una gota de agua, a fin de llenar ese océano sin fondo, ese abismo de cuartillas que se llama periódico, especie de tonel, que, como al de las Danaidas, siempre se le está echando original, y siempre está vacío. Las únicas ideas que me han quedado como flotando en la memoria, y sueltas de la masa general que ha oscurecido y embotado el cansancio del viaje, se refieren a los detalles de éste que carecen en sí de interés, que en otras mil ocasiones he podido estudiar, pero que nunca, como ahora, se han ofrecido a mi imaginación en conjunto, y contrastando entre sí de un modo tan extraordinario y patente.

Los diversos medios de locomoción de que he tenido que servirme para llegar hasta aquí me han recordado épocas y escenas tan distintas, que algunos ligeros rasgos de lo que de ellas recuerdo, trazados por pluma más avezada que la mía a esta clase de estudios, bastarían a bosquejar un curioso cuadro de costumbres.

Como por todo equipaje no llevaba más que un pequeño saco de noche, después de haberme despedido de ustedes, llegué a la estación del ferrocarril a punto de montar en el tren. Previo un ligero saludo de cabeza dirigido a las pocas personas que de antemano se encontraban en el coche, y que habían de ser mis compañeras de viaje, me acomodé en un rincón esperando el momento de partir, que no debía tardar mucho, a juzgar por la precipitación de los rezagados, el ir y el venir de los guardas de la vía y el incesante golpear de las portezuelas. La locomotora arrojaba ardientes y ruidosos resoplidos, como un caballo de raza impaciente hasta ver que cae al suelo la cuerda que lo detiene en el hipódromo. De cuando en cuando, una pequeña oscilación hacía crujir las coyunturas de acero del monstruo; por último, sonó la campana, el coche hizo un brusco movimiento de adelante a atrás y de atrás a adelante, y aquella especie de culebra negra y monstruosa partió arrastrándose por el suelo a lo largo de los *rails* y arrojando silbidos estridentes que resonaban de una manera particular en el silencio de la noche. La primera sensación que se experimenta al arrancar un tren es siempre insoportable. Aquel confuso rechinar de ejes, aquel crujir de vidrios estremecidos, aquel fragor de ferretería ambulante, igual, aunque en grado máximo, al que produce un simón desvencijado al rodar por una calle mal empedrada, crispa los nervios, marea y aturde. Verdad que en ese mismo aturdimiento hay algo de la embriaguez, de la carrera, algo de lo vertiginoso, que tiene todo lo grande; pero como quiera que, aunque mezclado con algo que place, hay mucho que incomoda, también es cierto que hasta que pasan algunos minutos y la continuación de las impresiones embota la sensibilidad no se puede decir que se pertenece uno a sí mismo por completo.

Apenas hubimos andado algunos kilómetros, y cuando pude enterarme de lo que había a mi alrededor, empecé a pasar revista a mis compañeros de coche; ellos, por su parte, creo que hacían algo por el estilo, pues con más o menos disimulo todos comenzamos a mirarnos unos a otros de los pies a la cabeza.

Como dije antes, en el coche nos encontrábamos muy pocas personas. En el asiento que hacía frente al en que yo me había colocado, y sentada de modo que los pliegues de su amplia y elegante falda de seda me cubrían casi los pies, iba una joven como de diez y seis a diez y siete años, la cual, a juzgar por la distinción de su fisonomía y ese no sé qué aristocrático que se siente y no puede explicarse, debía pertenecer a una clase elevada. Acompañábala un aya, pues tal me pareció una señora muy atildada y fruncida que ocupaba el asiento inmediato, y que de cuando en cuando le dirigía la palabra en francés para preguntarle cómo se sentía, qué necesitaba, o advertirla de qué manera estaría más cómoda. La edad de aquella señora y el interés que se tomaba por la joven pudieran hacer creer que era su madre; pero, a pesar de todo, yo notaba en su solicitud algo de afectado y mercenario, que fue el dato que desde luego tuve en cuenta para clasificarla.

Haciendo *vis-à-vis* con el aya francesa, y medio enterrado entre los almohadones de un rincón, como viajero avezado a las noches de ferrocarril, estaba un inglés alto y rubio como casi todos los ingleses, pero más que ninguno grave, afeitado y limpio. Nada más acabado y completo que su traje de *touriste*; nada más curioso que sus mil cachivaches de viaje todos blancos y relucientes; aquí la manta escocesa, sujeta con sus hebillas de acero; allá el paraguas y el bastón con su funda de vaqueta; terciada al hombro la cómoda y elegante bolsa de piel de Rusia. Cuando volví los ojos para mirarle, el inglés, desde todo lo alto de su deslumbradora corbata blanca, paseaba una mirada olímpica sobre nosotros, y luego que su pupila verde, dilatada y redonda, se hubo empapado bien en los objetos, entornó nuevamente los párpados, de modo que, heridas por la luz que caía de lo alto, sus pestañas largas y rubias se me antojaban a veces dos hilos de oro que sujetaban por el cabo una remolacha, pues no a otra cosa podría compararse su nariz. Formando contraste con este seco y estirado *gentleman*, que una vez entornados los ojos y bien acomodado en su rincón, permanecía inmóvil como una esfinge de granito en el extremo opuesto del coche, y ya poniéndose de pie, ya agachándose para colocar una enorme sombrerera debajo del asiento, o recostándose alternativamente de un lado y de otro, como el que siente un dolor agudo y de ningún modo se encuentra bien, bullía sin cesar un señor de unos cuarenta años, saludable, mofletudo y rechoncho el cual señor, a lo que pude colegir por sus palabras vivía en un pueblo de los inmediatos a Zaragoza, de donde nunca había salido sino a la capital de su provincia, hasta que con ocasión de ciertos negocios propios del ayuntamiento, de que formaba parte, había estado últimamente en la corte como cosa de un mes.

Todo esto, y mucho más, se lo dijo él solo sin que nadie se lo preguntara, porque el bueno del hombre era de lo más expansivo con que he topado en mi vida, mostrando tal afán por enredar conversación sobre cualquiera cosa que no perdonaba coyuntura. Primero suplicó al inglés le hiciese el favor de colocar un cestito con dos botellas en la bolsa del coche que tenía más próxima: el inglés entreabrió los ojos, alargó una mano y lo hizo sin contestar una sola palabra a las expresivas frases con que le agradeciera el obsequio. De seguida se dirigió a la joven para preguntarle si la señora que la acompañaba era su mamá. La joven le contestó que no con una desdeñosa sobriedad de palabras. Después se encaró conmigo, deseando saber si seguiría hasta Pamplona: satisfice esta pregunta, y él, tomando pie de mi contestación, dijo que se quedaba en Tudela; y, a propósito de esto, habló de mil cosas diferentes y todas a cual de menos importancia, sobre todo, para los que le escuchábamos. Cansado de su desesperante monólogo o agotados los recursos de su imaginación, nuestro buen hombre, que por lo visto se fastidiaba a más no poder dentro de aquella atmósfera glacial y afectada, tan de buen tono entre personas que no se conocen, comenzó a poco, sin duda para distraer su aburrimiento, una serie de maniobras a cual más inconvenientes y originales. Primero cantó un rato a media voz alguna de las habaneras que habría oído en Madrid a la criada de la casa de pupilos; después comenzó a atravesar el coche de un extremo a otro, dando aquí al inglés con el codo o pisando allí el extremo del traje de las señoras para asomarse a las ventanillas de ambos lados; por último, y ésta fue la broma más pesada, dio en la flor de bajar los cristales en cada una de las estaciones para leer en alta voz el nombre del pueblo, pedir agua o preguntar los minutos que se detendría el tren. En unas y en otras, ya nos encontrábamos cerca de Medinaceli, y la noche se había entrado fría, anubarrada y desagradable; de modo que cada vez que se abría una de las portezuelas, se estaba en peligro inminente de coger un catarro. El inglés, que hubo de comprenderlo así, se envolvió silenciosamente en su magnífica manta escocesa; la joven, por consejo del aya, que se lo dijo en alta voz, se puso un abrigo; yo, a falta de otra cosa, me levanté el cuello del gabán y hundí cuanto pude la cabeza entre los hombros. Nuestro hombre, sin embargo, prosiguió impertérrito practicando la misma peligrosa operación tantas veces cuantas paraba el tren, hasta que al cabo, no sé si cansado de este ejercicio o advertido de la escena muda de arropamiento general que se repetía tantas veces cuantas él abría la ventanilla, cerró con aire de visible mal humor los cristales, tornando a echarse en su rincón, donde a los pocos minutos roncaba como un bendito, amenazando aplastarme la nariz con la coronilla en unos de aquellos bruscos vaivenes que de cuando en cuando le hacían salir sobresaltado de su modorra para restregarse los ojos, mirar el reloj y volverse a dormir de nuevo. El peso de las altas horas de la noche comenzaba a dejarse sentir. En el vagón reinaba un silencio profundo, interrumpido sólo por el eterno y férreo crujir del tren, y algún que otro resoplido de nuestro amodorrado compañero, que alternaba en esta tarea con la máquina.

El inglés se durmió también, pero se durmió grave y dignamente, sin mover pie ni mano, como si a pesar del letargo que le embargaba tuviese la conciencia de su posición. El aya comenzó a cabecear un poco, acabando por bajar el velo de su capota oscura y dormirse en estilo semiserio. Quedamos, pues, desvelados, como las vírgenes prudentes de la parábola, tan sólo la joven y yo. A decir verdad, yo también me hubiera rendido al peso del aturdimiento y a las fatigas de la vigilia si hubiese tenido la seguridad de mantenerme en mi sueño en una actitud, si no tan grave como la del inmóvil gentleman, al menos no tan grotesca como la del buen regidor aragonés, que ora dejándose caer la gorra en una cabezada, ora roncando como un órgano o balbuceando palabras ininteligibles, ofrecía el espectáculo más chistoso que imaginarse puede. Para despabilarme un poco resolví dirigir la palabra a la joven; pero por una parte temía cometer una indiscreción, mientras por otra, y no era esto lo menos para permanecer callado, no sabía cómo empezar. Entonces volví los ojos, que había tenido clavados en ella con alguna insistencia, y me entretuve en ver pasar a través de los cristales, y sobre una faja de terreno oscuro y monótono, ya las blancas nubes de humo y de chispas que se quedaban al paso de la locomotora rozando la tierra y como suspendidas e inmóviles, ya los palos del telégrafo, que parecían perseguirse y querer alcanzarse unos a otros lanzados a una carrera fantástica. No obstante, la aproximación de aquella mujer hermosa que yo sentía aún sin mirarla, el roce de su falda de seda, que tocaba a mis pies y crujía a cada uno de sus movimientos, el sopor vertiginoso del incesante ruido, la languidez del cansancio, la misteriosa embriaguez de las altas horas de la noche, que pesan de una manera tan particular sobre el espíritu, comenzaron a influir en mi imaginación, ya sobrexcitada extrañamente.

Estaba despierto, pero mis ideas iban poco a poco tomando esa forma extravagante de los ensueños de la mañana, historias sin principio ni fin, cuyos eslabones de oro se quiebran con un rayo de enojosa claridad y vuelven a soldarse apenas se corren las cortinas del lecho. La vista se me fatigaba de ver pasar, eterna, monótona y oscura como un mar de asfalto, la línea del horizonte, que ya se alzaba, ya se deprimía, imitando el movimiento de las olas. De cuando en cuando dejaba caer la cabeza sobre el pecho, rompía el hilo de las historias extraordinarias que iba fingiendo en la mente y entornaba los ojos; pero apenas los volvía a abrir encontraba siempre delante de ellos a aquella mujer, y tornaba a mirar por los cristales, y tornaba a soñar imposibles. Yo he oído decir a muchos, y aun la experiencia me ha enseñado un poco, que hay horas peligrosas, horas lentas y cargadas de extraños pensamientos y de una voluptuosa pesadez, contra la que es imposible defenderse: en esas horas, como cuando nos turban la cabeza los vapores del vino, los sonidos se debilitan y parece que se oyen muy distantes, los objetos se ven como velados por una gasa azul, y el deseo presta audacia al espíritu, que recobra para sí todas las fuerzas que pierde la materia. Las horas de la madrugada, esas horas que deben tener más minutos que las demás, esas horas en que entre el caos de la noche comienza a forjarse el día siguiente, en que el sueño se despide con su última visión y la luz se anuncia con ráfagas de claridad incierta, son sin duda alguna las que en más alto grado reúnen semejantes condiciones. Yo no sé el tiempo que transcurrió mientras a la vez dormía y velaba, ni tampoco me sería fácil apuntar algunas de las fantásticas ideas que cruzaron por mi imaginación, porque ahora sólo recuerdo cosas desasidas y sin sentido, como esas notas sueltas de una música lejana que trae el viento a intervalos en ráfagas sonoras: lo que sí puedo asegurar es que gradualmente se fueron embotando mis sentidos, hasta el punto que cuando un gran estremecimiento, una bocanada de aire frío y la voz del guarda de la vía me anunciaron que estaba en Tudela, no supe explicarme cómo me encontraba tan pronto en el término de la primera parte de mi peregrinación.

Era completamente de día, y por la ventanilla del coche, que había abierto de par en par el señor gordo, entraban a la vez el sol rojizo y el aire fresco de la mañana. Nuestro regidor aragonés, que por lo que podía colegirse no veía la hora de dejar tan poco agradable reunión, apenas se convenció de que estábamos en Tudela, terció se la capa al hombro, cogió en una mano su sombrerera monstruo, en la otra, el cesto, y saltó al andén con una agilidad que nadie hubiera sospechado en sus años y en su gordura. Yo tomé asimismo el pequeño saco, que era todo mi equipaje; dirigí una última mirada a aquella mujer, que acaso no volvería a ver más, y que había sido la heroína de mi novela de una noche, y, después de saludar a mis compañeros, salí del vagón buscando a un chico que llevase aquel bulto y me condujese a una fonda cualquiera.

Tudela es un pueblo grande con ínfulas de ciudad, y el parador adonde me condujo mi guía, una posada con ribetes de fonda. Sentéme y almorcé; por fortuna, si el almuerzo no fue gran cosa, la mesa y el servicio estaban limpios. Hagamos esta justicia a la navarra que se encuentra al frente del establecimiento. Aún no había tomado los postres, cuando el campanilleo de las colleras, los chasquidos del látigo y las voces del zagal que enganchaba las mulas me anunciaron que el coche de Tarazona iba a salir muy pronto. Acabé de prisa y corriendo de tomar una taza de café bastante malo y clarito por más señas, y ya se oían los gritos de ¡al coche!, ¡al coche!, unidos a las despedidas en alta voz, al ir y venir de los que colocaban los equipajes en la baca, y las advertencias, mezcladas de interjecciones, del mayoral que dirigía las maniobras desde el pescante como un piloto desde la popa de su buque.

La decoración había cambiado por completo, y nuevos y característicos personajes se encontraban en escena. En primer término, y unos recostados contra la pared, otros sentados en los marmolillos de las esquinas o agrupados en derredor del coche, veíanse hasta quince o veinte desocupados del lugar, para quienes el espectáculo de una diligencia que entra o sale es todavía un gran acontecimiento. Al pie del estribo algunos muchachos desarrapados y sucios abrían con gran oficiosidad las portezuelas pidiendo indirectamente una limosna, y en el interior del *ómnibus*, pues éste era propiamente el nombre que debiera darse al vehículo que iba a conducirnos a Tarazona, comenzaban a ocupar sus asientos los viajeros. Yo fui uno de los primeros en colocarme en mi sitio al lado de dos mujeres, madre e hija, naturales de un pueblo cercano, y que venían de Zaragoza, adonde, según me dijeron, habían ido a cumplir no sé qué voto a la Virgen del Pilar: la muchacha tenía los ojos retozones, y de la madre se conservaba todo lo que a los cuarenta y pico de años puede conservarse de una buena moza. Tras mí entró un estudiante del seminario, a quien no hubo de parecer saco de paja la muchacha, pues viendo que no podía sentarse junto a ella, porque ya lo había hecho yo, se compuso de modo que en aquellas estrecheces se tocasen rodilla con rodilla. Siguieron al estudiante otros dos individuos del sexo feo, de los cuales el primero parecía militar en situación de reemplazo, y el segundo, uno de esos pobres empleados de poco sueldo, a quienes a cada instante trasiega el ministerio de una provincia a otra. Ya estábamos todos, y cada uno en su lugar correspondiente, y dándonos el parabién porque íbamos a estar un poco holgados, cuando apareció en la portezuela, y como un retrato dentro de su moldura, la cabeza de un clérigo entrado en edad, pero guapote y de buen color, al que acompañaba una ama o dueña, como por aquí es costumbre llamarles, que en punto a cecina de mujer era de lo mejor conservado y apetitoso a la vista que yo he encontrado de algún tiempo a esta parte.

Sintieron unos y se alegraron otros de la llegada de los nuevos compañeros, siendo de los segundos el escolar, el cual encontró ocasión de encajarse más estrechamente con su vecina de asiento, mientras hacía un sitio al ama del cura, sitio pequeño para el volumen que había de ocuparlo, aunque grande por la buena voluntad con que se le ofrecía. Sentóse el ama, acomodóse el clérigo, y ya nos disponíamos a partir, cuando como llovido del cielo o salido de los profundos, hete aquí que se nos aparece mi famoso hombre gordo del ferrocarril, con su imprescindible cesto y su monstruosa sombrerera. Referir las cuchufletas, las interjecciones, las risas y los murmullos que se oyeron a su llegada sería asunto imposible, como tampoco es fácil recordar las maniobras de cada uno de los viajeros para impedir que se acomodase a su lado.

Pero aquél era el elemento de nuestro hombre gordo: allí donde se reía, se empujaba, y unos manoteando, otros impasibles, todos hablaban a un tiempo, se encontraba el buen regidor como el pez en el agua o el pájaro en el aire. A las cuchufletas respondía con chanzas, a las interjecciones encogiéndose de hombros, y a los envites de codos con codazos, y de manera que a los pocos minutos ya estaba sentado y en conversación con todos, como si los conociese de antigua fecha. En esto partió el coche, comenzando ese continuo vaivén al compás del trote de las mulas, las campanillas del caballo delantero, el saltar de los cristales, el revolotear de los visillos y los chasquidos del látigo del mayoral, que constituyen el fondo de armonía de una diligencia en marcha. Las torres de Tudela desaparecieron detrás de una loma bordada de viñedos y olivares. Nuestro hombre gordo, apenas se vio engolfado camino adelante y en compañía tan franca, alegre y de su gusto, desenvainó del cesto una botella y la merienda correspondiente para echar un trago. Dada la señal del combate, el fuego se hizo general en toda la línea, y unos de la fiambrera de hoja de lata, otros de un canastillo o del número de un periódico, cada cual sacó su indispensable tortilla de huevos con variedad de tropezones. Primero la botella, y, cuando ésta se hubo apurado, una bota de media azumbre del seminarista comenzaron a andar a la ronda por el coche. Las mujeres, aunque se excusaban tenazmente, tuvieron que humedecerse la boca con el vino; el mayoral, dejando el cuidado de las mulas al delantero, sentóse de medio gancho en el pescante y formó parte del corro, no siendo de los más parcos en el beber; yo, aunque con nada había contribuido al festín, también tuve que empinar el codo más de lo que acostumbro.

A todo esto no cesaba el zarandeo del carruaje; de modo que con el aturdimiento del vinillo, el continuo vaivén, el tropezón de codos y rodillas, las risotadas de éstos, el gritar de aquéllos, las palabritas a media voz de los de más allá, un poco de sol enfilado a los ojos por las ventanillas, y un bastante de polvo del que levantaban las mulas, las tres horas de camino que hay desde Tarazona a Tudela pasaron entre gloria y purgatorio, ni tan largas que me dieran lugar a desesperarme, ni tan breves que no viera con gusto el término de mi segunda jornada.

En Tarazona nos apeamos del coche entre una doble fila de curiosos, pobres y chiquillos. Despedímonos cordialmente los unos de los otros, volví a encargar a un chicuelo de la conducción de mi equipaje, y me encaminé al azar por aquellas calles estrechas, torcidas y oscuras, perdiendo de vista, tal vez para siempre, a mi famoso regidor, que había empezado por fastidiarme, concluyendo al fin por hacerme feliz con su eterno buen humor, su incansable charla y su inquietud increíble en una persona de su edad y su volumen. Tarazona es una ciudad pequeña y antigua; más lejos del movimiento que Tudela, no se nota en ella el mismo adelanto, pero tiene un carácter más original y artístico. Cruzando sus calles con arquillos y retablos, con caserones de piedra llenos de escudos y timbres heráldicos, con altas rejas de hierro de labor exquisita y extraña, hay momentos en que se cree uno trasportado a Toledo, la ciudad histórica por excelencia.

Al fin, después de haber discurrido un rato por aquel laberinto de calles, llegamos a la posada, que posada era con todos los accidentes y el carácter de tal el sitio a que me condujo mi guía. Figúrense ustedes un medio punto de piedra carcomida y tostada, en cuya clave luce un escudo con un casco que en vez de plumas tiene en la cimera una pomposa mata de jaramagos amarillos nacida entre las hendiduras de los sillares; junto al blasón de los que fueron un día señores de aquella casa solariega, hay un palo, con una tabla en la punta a guisa de banderola, en que se lee con grandes letras de almagre el título del establecimiento; el nudoso y retorcido tronco de una parra que comienza a retoñar cubre de hojas verdes, trasparentes e inquietas, un ventanuquillo abierto en el fondo de una antigua ojiva rellena de argamasa y guijarros de colores; a los lados del portal sirven de asiento algunos trozos de columnas, sustentados por rimeros de ladrillos o capiteles rotos y casi ocultos entre las hierbas que crecen al pie del muro, en el cual, entre remiendos y parches de diferentes épocas, unos blancos y brillantes aún, otros con oscuras manchas de ese barniz particular de los años, se ven algunas estaquillas de madera clavadas en las hendiduras. Tal se ofreció a mis ojos el exterior de la posada; el interior no parecía menos pintoresco.

A la derecha, y perdiéndose en la media luz que penetraba de la calle, veíase una multitud de arcos chatos y macizos que se cruzaban entre sí, dejando espacio en sus huecos a una larga fila de pesebres, formados de tablas mal unidas al pie de los postes; y, diseminados por el suelo, tropezábase aquí con las enjalmas de una caballería, allá con unos cuantos pellejos de vino o gruesas sacas de lana, sobre las que merendaban sentados en corro y con el jarro en primer lugar algunos arrieros y trajinantes.

En el fondo, y caracoleando pegada a los muros o sujeta con puntales, subía a las habitaciones interiores una escalerilla empinada y estrecha, en cuyo hueco, y revolviendo un haz de paja, picoteaban los granos perdidos hasta una media docena de gallinas; la parte de la izquierda, a la que daba paso un arco apuntado y ruinoso, dejaba ver un rincón de la cocina iluminada por el resplandor rojizo y alegre del hogar, en donde formaban un gracioso grupo la posadera, mujer frescota y de buen temple, aunque entrada en años, una muchacha vivaracha y despierta como de quince a diez y seis, y cuatro o cinco chicuelos rubios y tiznados, amén de un enorme gato rucio y dos o tres perros que se habían dormido al amor de la lumbre.

Después de dar un vistazo a la posada, hice presente al posadero el objeto que en su busca me traía, el cual estaba reducido a que me pusiese en contacto con alguien que me quisiera ceder una caballería, para trasladarme a Veruela, punto al que no se puede llegar de otro modo.

Hízolo así el posadero, ajusté el viaje con unos hombres que habían venido a vender carbón de Purujosa y se tornaban de vacío, y héteme aquí otra vez en marcha y camino del Moncayo, atalajado en una mula, como en los buenos tiempos de la Inquisición y del rey absoluto. Cuando me vi en mitad del camino, entre aquellas subidas y bajadas tan escabrosas, rodeado de los carboneros, que marchaban a pie a mi lado cantando una canción monótona y eterna; delante de mis ojos la senda, que parecía una culebra blancuzca e interminable que se alejaba enroscándose por entre las rocas, desapareciendo aquí y tornando a aparecer más allá, y a un lado y otro los horizontes inmóviles y siempre los mismos, figurábaseme que hacía un año me había despedido de ustedes, que Madrid se había quedado en el otro cabo del mundo, que el ferrocarril, que vuela, dejando atrás las estaciones y los pueblos, salvando los ríos y horadando las montañas, era un sueño de la imaginación o un presentimiento de lo futuro. Como la verdad es que yo fácilmente me acomodo a todas las cosas, pronto me encontré bien con mi última manera de caminar, y, dejando ir la mula a su paso lento y uniforme, eché a volar la fantasía por los espacios imaginarios, para que se ocupase en la calma y en la frescura sombría de los sotos de álamos que bordan el camino, en la luminosa serenidad del cielo, o saltase, como salta el ligero montañés, de peñasco en peñasco, por entre las quiebras del terreno, ora envolviéndose como en una gasa de plata en la nube que viene rastrera, ora mirando con vertiginosa emoción el fondo de los precipicios por donde va el agua, unas veces ligera, espumosa y brillante, y otras sin ruido, sombría y profunda.

Como quiera que cuando se viaja así, la imaginación desasida de la materia tiene espacio y lugar para correr, volar y juguetear como una loca por donde mejor le parece, el cuerpo, abandonado del espíritu, que es el que se apercibe de todo, sigue impávido su camino hecho un bruto y atalajado como un pellejo de aceite, sin darse cuenta de sí mismo, ni saber si se cansa o no. En esta disposición de ánimo anduvimos no sé cuántas horas, porque ya no tenía ni conciencia del tiempo, cuando un airecillo agradable, aunque un poco fuerte, me anunció que habíamos llegado a la más alta de las cumbres que por la parte de Tarazona rodean el valle, término de mis peregrinaciones. Allí, después de haberme apeado de la caballería para seguir a pie el poco camino que me faltaba, pude exclamar como los Cruzados a la vista de la ciudad santa:

Ecco aparir Gierusalem si vede.

En efecto; en el fondo del melancólico y silencioso valle, al pie de las últimas ondulaciones del Moncayo, que levantaba sus aéreas cumbres coronadas de nieve y de nubes, medio ocultas entre el follaje oscuro de sus verdes alamedas y heridas por la última luz del sol poniente, vi las vetustas murallas y las puntiagudas torres del monasterio, en donde ya instalado en una celda, y haciendo una vida mitad por mitad literaria y campestre, espera vuestro compañero y amigo recobrar la salud, si Dios es servido de ello, y ayudaros a soportar la pesada carga del periódico en cuanto la enfermedad y su natural propensión a la vagancia se lo permitan.

II

Queridos amigos:

Si me vieran ustedes en algunas ocasiones con la pluma en la mano y el papel delante, buscando un asunto cualquiera para emborronar catorce o quince cuartillas, tendrían lástima de mí. Gracias a Dios que no tengo la perniciosa, cuanto fea costumbre, de morderme las uñas en caso de esterilidad, pues hasta tal punto me encuentro apurado e irresoluto en estos trances que ya sería cosa de haberme comido la primera falange de los dedos. Y no es precisamente porque se hayan agotado de tal modo mis ideas que, registrando en el fondo de la imaginación, en donde andan enmarañadas e indecisas, no pudiese topar con alguna y traerla, a ser preciso, por la oreja, como dómine de lugar a muchacho travieso. Pero no basta tener una idea; es necesario despojarla de su extraña manera de ser, vestirla un poco al uso para que esté presentable, aderezarla y condimentarla, en fin, a propósito, para el paladar de los lectores de un periódico político por añadidura. Y aquí está lo espinoso del caso, aquí la gran dificultad.

Entre los pensamientos que antes ocupaban mi imaginación y los que aquí han engendrado la soledad y el retiro, se ha trabado una lucha titánica, hasta que, por último, vencidos los primeros por el número y la intensidad de sus contrarios, han ido a refugiarse no sé dónde, porque yo los llamo y no me contestan, los busco y no parecen. Ahora bien, lo que se siente y se piensa aquí en armonía con la profunda calma y el melancólico recogimiento de estos lugares ¿podrá encontrar un eco en los que viven en ese torbellino de intereses opuestos, de pasiones sobrexcitadas, de luchas continuas, que se llama la Corte?

Yo juzgo de la impresión que pueden hacer ideas que nacen y se desarrollan en la austera soledad de estos claustros, por la que a su vez me producen las que ahí hierven, y de las cuales diariamente me trae *El Contemporáneo*, como un abrasado soplo. Al periódico que todas las mañanas encontramos en Madrid sobre la mesa del comedor o en el gabinete de estudio se le recibe como a un amigo de confianza que viene a charlar un rato, mientras se hace hora de almorzar; con la ventaja de que, si saboreamos un veguero, mientras él nos refiere, comentándola, la historia del día de ayer, ni siquiera hay necesidad de ofrecerle otro, como al amigo. Y esa historia de ayer que nos refiere es hasta cierto punto la historia de nuestros cálculos, de nuestras simpatías o de nuestros intereses; de modo que su lenguaje apasionado, sus frases palpitantes suelen hablar a un tiempo a nuestra cabeza, a nuestro corazón y a nuestro bolsillo: en unas ocasiones repite lo que ya hemos pensado, y nos complace hallarlo acorde con nuestro modo de ver; otras, nos dice la última palabra de algo que comenzábamos a adivinar, o nos da el tema en armonía con las vibraciones de nuestra inteligencia para proseguir pensando. Tan íntimamente está enlazada su vida intelectual con la nuestra; tan una es la atmósfera en que se agitan nuestras pasiones y las suyas. Aquí, por el contrario, todo parece conspirar a un fin diverso. El periódico llega a los muros de este retiro como uno de esos círculos que se abren en el agua cuando se arroja una piedra y que poco a poco se van debilitando a medida que se alejan del punto de donde partieron, hasta que vienen a morir en la orilla con un rumor apenas perceptible. El estado de nuestra imaginación, la soledad que nos rodea, hasta los accidentes locales parecen contribuir a que sus palabras suenen de otro modo en el oído. Juzgad si no por lo que a mí me sucede.

Todas las tardes, y cuando el sol comienza a caer, salgo al camino que pasa por delante de las puertas del monasterio para aguardar al conductor de la correspondencia que me trae los periódicos de Madrid. Frente al arco que da entrada al primer recinto de la abadía, se extiende una larga alameda de chopos tan altos que, cuando agita las ramas el viento de la tarde, sus copas se unen y forman una inmensa bóveda de verdura. Por ambos lados del camino, y saltando y cayendo con un murmullo apacible por entre las retorcidas raíces de los árboles, corren dos arroyos de agua cristalina y transparente, fría como la hoja de una espada y delgada como su filo. El terreno sobre el cual flotan las sombras de los chopos, salpicadas de manchas inquietas y luminosas, está a trechos cubierto de una hierba alta, espesa y finísima, entre la que nacen tantas margaritas blancas que semejan a primera vista esa lluvia de flores con que alfombran el suelo los árboles frutales en los templados días de abril. En los ribazos, y entre los zarzales y los juncos del arroyo, crecen las violetas silvestres, que, aunque casi ocultas entre sus rastreras hojas, se anuncian a gran distancia con su intenso perfume; y por último, también cerca del agua y formando como un segundo término, déjase ver por entre los huecos que quedan de tronco a tronco una doble fila de nogales corpulentos con sus copas redondas, compactas y oscuras.

Como a la mitad de esta alameda deliciosa, y en un punto en que varios olmos dibujan un círculo pequeño, enlazando entre sí sus espesas ramas, que recuerdan, al tocarse en la altura, la cúpula de su santuario, sobre una escalinata formada de grandes sillares de granito, por entre cuyas hendiduras nacen y se enroscan los tallos y las flores trepadoras, se levanta gentil, artística y alta, casi como los árboles, una cruz de mármol que, merced a su color, es conocida en estas cercanías por la *Cruz negra de Veruela*. Nada más hermosamente sombrío que este lugar. Por un extremo del camino limita la vista el monasterio con sus arcos ojivales, sus torres puntiagudas y sus muros almenados e imponentes; por el otro, las ruinas de una pequeña ermita se levantan al pie de una eminencia sembrada de tomillos y romeros en flor. Allí, sentado al pie de la cruz, y teniendo en las manos un libro que casi nunca leo, y que muchas veces dejo olvidado en las gradas de piedra, estoy una y dos, y a veces hasta cuatro horas aguardando el periódico. De cuando en cuando veo atravesar a lo lejos una de esas figuras aisladas que se colocan en un paisaje para hacer sentir mejor la soledad del sitio. Otras veces, exaltada la imaginación, creo distinguir confusamente, sobre el fondo oscuro del follaje, los monjes blancos que van y vienen silenciosos alrededor de su abadía, o una muchacha de la aldea que pasa por ventura al pie de la cruz con un manojo de flores en el halda, se arrodilla un momento y deja un lirio azul sobre los peldaños. Luego, un suspiro que se confunde con el rumor de las hojas; después... ¡qué sé yo...! escenas sueltas de no sé qué historia que yo he oído o que inventaré algún día; personajes fantásticos que, unos tras otros, van pasando ante mi vista, y de los cuales cada uno me dice una palabra o me sugiere una idea: ideas y palabras que más tarde germinaran en mi cerebro, y acaso den fruto en el porvenir.

La aproximación del correo viene siempre a interrumpir una de estas maravillosas historias. En el profundo silencio que me rodea, el lejano rumor de los pasos de su caballo que cada vez se percibe más distinto lo anuncia a larga distancia; por fin llega adonde estoy, saca el periódico de la bolsa de cuero que trae terciada al hombro, me lo entrega, y después de cambiar algunas palabras o un saludo desaparece por el extremo opuesto del camino que trajo.

Como le he visto nacer, como desde que vino al mundo he vivido con su vida febril y apasionada, *El Contemporáneo* no es para mí un papel como otro cualquiera, si no que sus columnas son ustedes todos, mis amigos, mis compañeros de esperanzas o desengaños, de reveses o de triunfos, de satisfacciones o de amarguras. La primera impresión que siento, pues, al recibirle, es siempre una impresión de alegría, como la que se experimenta al romper la cubierta de una carta en cuyo sobre hemos visto una letra querida, o como cuando en un país extranjero se estrecha la mano de un compatriota y se oye hablar el idioma nativo. Hasta el olor particular del papel húmedo y la tinta de imprenta, olor especialísimo que por un momento viene a sustituir al perfume de las flores que aquí se respira por todas partes, parece que hiere la memoria del olfato, memoria extraña y viva que indudablemente existe, y me trae un pedazo de mi antigua vida, de aquella inquietud, de aquella actividad, de aquella fiebre fecunda del periodismo. Recuerdo el incesante golpear y crujir de la máquina que multiplicaba por miles las palabras que acabábamos de escribir y que salían aún palpitando de la pluma; recuerdo el afán de las últimas horas de redacción, cuando la noche va de vencida y el original escasea; recuerdo, en fin, las veces que nos ha sorprendido el día corrigiendo un artículo o escribiendo una noticia última sin hacer más caso de las poéticas bellezas de la alborada que de la carabina de Ambrosio. En Madrid, y para nosotros en particular, ni sale ni se pone el sol: se apaga o se enciende la luz, y es por la única cosa que lo advertimos.

Al fin rompo la faja del periódico, y comienzo a pasar la vista por sus renglones hasta que gradualmente me voy engolfando en su lectura, y ya ni veo ni oigo nada de lo que se agita a mi alrededor. El viento sigue suspirando entre las copas de los árboles, el agua sonriendo a mis pies, y las golondrinas, lanzando chillidos agudos, pasan sobre mi cabeza; pero yo, cada vez más absorto y embebido con las nuevas ideas que comienzan a despertarse a medida que me hieren las frases del diario, me juzgo trasportado a otros sitios y a otros días. Paréceme asistir de nuevo a la Cámara, oír los discursos ardientes, atravesar los pasillos del Congreso, donde, entre el animado cuchicheo de los grupos, se forman las futuras crisis; y luego veo las secretarías de los ministerios en donde se hace la política oficial; las redacciones donde hierven las ideas que han de caer al día siguiente como la piedra en el lago, y los círculos de la opinión pública que comienzan en el Casino, siguen en las mesas de los cafés y acaban en los guardacantones de las calles. Vuelvo a seguir con interés las polémicas acaloradas, vuelvo a reanudar el roto hilo de las intrigas, y ciertas fibras embotadas aquí, las fibras de las pasiones violentas, la inquieta ambición, el ansia de algo más perfecto, el afán de hallar la verdad escondida a los ojos humanos, tornan a vibrar nuevamente y a encontrar en mi alma un eco profundo. «*El Diario Español, El Pensamiento* o *La Iberia* hablan de esto, afirman aquello, o niegan lo de más allá», dice *El Contemporáneo*; y yo, sin saber apenas dónde estoy, tiendo las manos para cogerlo, creyendo que están allí a mi alcance, como si me encontrara sentado a la mesa de la redacción.

Pero esa tromba de pensamientos tumultuosos, que pasan por mi cabeza como una nube de tronada, se desvanecen apenas nacidos. Aún no he acabado de leer las primeras columnas del periódico, cuando el último reflejo del sol que dobla lentamente la cumbre del Moncayo desaparece de la más alta de las torres del monasterio, en cuya cruz de metal llamea un momento antes de extinguirse. Las sombras de los montes bajan a la carrera y se extienden por la llanura; la luna comienza a dibujarse en el Oriente como un círculo de cristal que trasparenta el cielo, y la alameda se envuelve en la indecisa luz del crepúsculo. Ya es imposible continuar leyendo. Aún se ven por una parte y entre los huecos de las ramas chispazos rojizos del sol poniente, y por la otra, una claridad violada y fría. Poco a poco comienzo a percibir otra vez, semejante a una armonía confusa, el ruido de las hojas y el murmullo del agua, fresco, sonoro y continuado, a cuyo compás vago y suave vuelven a ordenarse las ideas y se van moviendo con más lentitud en una danza cadenciosa que languidece al par de la música, hasta que por último se aguzan unas tras otras como esos puntos de luz apenas perceptibles, que de pequeños nos entreteníamos en ver morir en las pavesas de un papel quemado. La imaginación entonces, ligera y diáfana, se mece y flota al rumor del agua, que la arrulla como una madre arrulla a un niño. La campana del monasterio, la única que ha quedado colgada en su ruinosa torre bizantina, comienza a tocar la oración, y una cerca, otra lejos, éstas con una vibración metálica y aguda, aquéllas con un tañido sordo y triste, les responden las otras campanas de los lugares del Somontano. De estos pequeños lugares, unos están en la punta de las rocas colgados como el nido de un águila, y otros medio escondidos en las ondulaciones del monte o en lo más profundo de los valles. Parece una armonía que a la vez baja del cielo y sube de la tierra, y se confunde y flota en el espacio, mezclándose al último rumor del día que muere al primer suspiro de la noche que nace.

Ya todo pasó, Madrid, la política, las luchas ardientes, las miserias humanas, las pasiones, las contrariedades, los deseos, todo se ha ahogado en aquella música divina. Mi alma está ya tan serena como el agua inmóvil y profunda. La fe en algo más grande, en un destino futuro y desconocido, más allá de esta vida, la fe de la eternidad, en fin, aspiración absorbente, única e inmensa, mata esa fe al por menor que pudiéramos llamar personal, la fe en el mañana, especie de aguijón que espolea los espíritus irresolutos, y que tanto se necesita para luchar y vivir y alcanzar cualquier cosa en la tierra.

Absorto en estos pensamientos, doblo el periódico y me dirijo a mi habitación. Cruzo la sombría calle de árboles y llego a la primera cerca del monasterio, cuya dentellada silueta se destaca por oscuro sobre el cielo en un todo semejante a la de un castillo feudal; atravieso el patio de armas con sus arcos redondos y timbrados, sus bastiones llenos de saeteras y coronados de almenas puntiagudas, de las cuales algunas yacen en el foso, medio ocultas entre los jaramagos y los espinos. Entre dos cubos de muralla, altos, negros e imponentes, se alza la torre que da paso al interior: una cruz clavada en la punta indica el carácter religioso de aquel edificio, cuyas enormes puertas de hierro y muros fortísimos más parece que deberían guardar soldados que monjes.

Pero apenas las puertas se abren rechinando sobre sus goznes enmohecidos, la abadía aparece con todo su carácter. Una larga fila de olmos entre los que se elevan algunos cipreses deja ver en el fondo la iglesia bizantina con su portada semicircular llena de extrañas esculturas: por la derecha se extiende la remendada tapia de un huerto, por encima de la cual asoman las copas de los árboles, y a la izquierda se descubre el palacio abacial, severo y majestuoso en medio de su sencillez. Desde este primer recinto se pasa al inmediato por un arco de medio punto, después del cual se encuentra el sitio donde en otro tiempo estuvo el enterramiento de los monjes. Un arroyuelo, que luego desaparece y se oye gemir por debajo de la tierra, corre al pie de tres o cuatro árboles viejos y nudosos: a un lado se descubre el molino medio agazapado entre unas ruinas, y más allá, oscura como la boca de una cueva, la portada monumental del claustro con sus pilastras platerescas llenas de hojarascas, bichos, ángeles, cariátides y dragones de granito que sostienen emblemas de la Orden, mitras y escudos.

Siempre que atravieso este recinto cuando la noche se aproxima y comienza a influir en la imaginación con su alto silencio y sus alucinaciones extrañas, voy pisando quedo y poco a poco las sendas abiertas entre los zarzales y las hierbas parásitas, como temeroso de que al ruido de mis pasos despierte en sus fosas y levante la cabeza alguno de los monjes que duermen allí el sueño de la eternidad. Por último, entro en el claustro, donde ya reina una oscuridad profunda: la llama del fósforo que enciendo para atravesarlo vacila agitada por el aire, y los círculos de luz que despide luchan trabajosamente con las tinieblas. Sin embargo, a su incierto resplandor pueden distinguirse las largas series de ojivas, festoneadas de hojas de trébol, por entre las que asoman, con una mueca muda y horrible, esas mil fantásticas y caprichosas creaciones de la imaginación que el arte misterioso de la Edad Media dejó grabadas en el granito de sus basílicas: aquí un endriago que se retuerce por una columna y saca su deforme cabeza por entre la hojarasca del capitel; allí un ángel que lucha con un demonio y entre los dos soportan la recaída de un arco que se apunta al muro; más lejos, y sombreadas por el batiente oscuro del lucillo que las contiene, las urnas de piedra, donde bien con la mano en el montante o revestidas de la cogulla, se ven las estatuas de los guerreros y abades más ilustres que han patrocinado este monasterio o lo han enriquecido con sus dones.

Los diferentes y extraordinarios objetos que unos tras otros van hiriendo la imaginación, la impresionan de una manera tan particular que, cuando después de haber discurrido por aquellos patios sombríos, aquellas alamedas misteriosas y aquellos claustros imponentes penetro al fin en mi celda y desdoblo otra vez *El Contemporáneo* para proseguir su lectura, paréceme que está escrito en un idioma que no entiendo. Bailes, modas, el estreno de una comedia, un libro nuevo, un cantante extraordinario, una comida en la embajada de Rusia, la compañía de Price, la muerte de un personaje, los clowns, los banquetes políticos, la música, todo revuelto: una obra de caridad con un crimen, un suicidio con una boda, un entierro con una función de toros extraordinaria.

A esta distancia y en este lugar me parece mentira que existe aún ese mundo que yo conocía, el mundo del Congreso y las redacciones, del Casino y de los teatros, del Suizo y de la Fuente Castellana, y que existe tal como lo dejé, rabiando y divirtiéndose, hoy en una broma, mañana en un funeral, todos de prisa, todos cosechando esperanzas y decepciones, todos corriendo detrás de una cosa que no alcanzan nunca, hasta que corriendo den en uno de esos lazos silenciosos que nos va tendiendo la muerte, y desaparezcan como por escotillón con una gacetilla por epitafio.

Cuando me asaltan estas ideas, en vano hago esfuerzos por templarme como ustedes y entrar a compás en la danza. No oigo la música que lleva a todos envueltos como en un torbellino; no veo en esa agitación continua, en ese ir y venir, más que lo que ve el que mira un baile desde lejos, una pantomima muda e inexplicable, grotesca unas veces, terrible otras.

Ustedes, sin embargo, quieren que escriba alguna cosa, que lleve mi parte en la sinfonía general, aun a riesgo de salir desafinado. Sea, y sirva esto de introducción y preludio: quiere decir que, si alguno de mis lectores ha sentido otra vez algo de lo que yo siento ahora, mis palabras le llevarán el recuerdo de más tranquilos días, como el perfume de un paraíso distante; y los que no, tendrán en cuenta mi especial posición para tolerar que de cuando en cuando rompa con una nota desacorde la armonía de un periódico político.

III

QUERIDOS amigos:

Hace dos o tres días, andando a la casualidad por entre estos montes, y habiéndome alejado más de lo que acostumbro en mis paseos matinales, acerté a descubrir casi oculto entre las quiebras del terreno y fuera de todo camino un pueblecillo, cuya situación por extremo pintoresca me agradó tanto que no pude por menos de aproximarme a él para examinarle a mis anchas. Ni aun pregunté su nombre; y si mañana o el otro quisiera buscarle por su situación en el mapa, creo que no lo encontraría: tan pequeño es y tan olvidado parece entre las ásperas sinuosidades del Moncayo. Figúrense ustedes en el declive de una montaña inmensa y sobre una roca que parece servirle de pedestal, un castillo del que sólo quedan en pie la torre del homenaje y algunos lienzos de muro carcomidos y musgosos: agrupadas alrededor de este esqueleto de fortaleza, cual si quisiesen todavía dormir seguras a su sombra como en la edad de hierro en que debió alzarse, se ven algunas casas, pequeñas heredades con sus bardales de heno, sus tejados rojizos y sus chimeneas desiguales y puntiagudas, por cima de las que se eleva el campanario de la parroquia con su reloj de sol, su esquiloncillo que llama a la primera misa, y su gallo de hoja de lata que gira en lo alto de la veleta a merced de los vientos.

Una senda que sigue el curso del arroyo que cruza el valle serpenteando por entre los cuadros de los trigos verdes y tirantes como el paño de una mesa de billar sube dando vueltas a los amontonados pedruscos sobre que se asienta el pueblo, hasta el punto en que un pilarote de ladrillos con una cruz en el remate señala la entrada. Sucede con estos pueblecitos, tan pintorescos, cuando se ven en lontananza tantas líneas caprichosas, tantas chimeneas arrojando pilares de humo azul, tantos árboles y peñas y accidentes artísticos, lo que con otras muchas cosas del mundo, en que todo es cuestión de la distancia a que se miran; y la mayor parte de las veces, cuando se llega a ellos, la poesía se convierte en prosa. Ya en la cruz de la entrada, lo que pude descubrir del interior del lugar no me pareció, en efecto, que respondía ni con mucho a su perspectiva; de modo que, no queriendo arriesgarme por sus estrechas, sucias y empinadas callejas, comencé a costearlo, y me dirigí a una reducida llanura que se descubre a su espalda, dominada sólo por la iglesia y el castillo. Allí, en unos campos de trigo, y junto a dos o tres nogales aislados que comenzaban a cubrirse de hojas, está lo que, por su especial situación y la pobre cruz de palo enclavada sobre la puerta, colegí que sería el cementerio. Desde muy niño concebí, y todavía conservo, una instintiva aversión a los campo-santos de las grandes poblaciones: aquellas tapias encaladas y llenas de huecos, como la estantería de una tienda de géneros ultramarinos; aquellas calles de árboles raquíticos, simétricas y enarenadas, como las avenidas de un parque inglés; aquella triste parodia de jardín con flores sin perfume y verdura sin alegría me oprimen el corazón y me crispan los nervios. El afán de embellecer grotesca y artificialmente la muerte me trae a la memoria esos niños de los barrios bajos, a quienes después de expirar embadurnan la cara con arrebol, de modo que, entre el cerco violado de los ojos, la intensa palidez de las sienes y el rabioso carmín de las mejillas, resulta una mueca horrible.

Por el contrario, en más de una aldea he visto un cementerio chico, abandonado, pobre, cubierto de ortigas y cardos silvestres, y me ha causado una impresión siempre melancólica, es verdad, pero mucho más suave, mucho más respetuosa y tierna. En aquellos vastos almacenes de la muerte, siempre hay algo de esa repugnante actividad del tráfico; la tierra, constantemente removida, deja ver fosas profundas que parecen aguardar su presa con hambre. Aquí nichos vacíos, a los que no falta más que un letrero: «Esta casa se alquila»; allí huesos que se retrasan en el pago de su habitación y son arrojados qué sé yo adónde para dejar lugar a otros; y lápidas con filetes de relumbrones, y décimas y coronas de flores de trapo, y siempre-vivas de comerciantes de objetos fúnebres. En estos escondidos rincones, último albergue de los ignorados campesinos, hay una profunda calma: nadie turba su santo recogimiento y, después de envolverse en su ligera capa de tierra sin tener siquiera encima el peso de una losa, deben dormir mejor y más sosegados.

Cuando, no sin tener que forcejear antes un poco, logré abrir la carcomida y casi deshecha puerta del pequeño cementerio que por casualidad había encontrado en mi camino, y éste se ofreció a mi vista, no pude menos de confirmarme nuevamente en mis ideas. Es imposible ni aun concebir un sitio más agreste, más solitario y más triste, con una agradable tristeza, que aquél. Nada habla allí de la muerte con ese lenguaje enfático y pomposo de los epitafios; nada la recuerda de modo que horrorice con el repugnante espectáculo de sus atavíos y despojos. Cuatro lienzos de tapia humilde, compuestos de arena amasada con piedrecillas de colores, ladrillos rojos y algunos sillares cubiertos de musgo en los ángulos, cercan un pedazo de tierra, en el cual la poderosa vegetación de este país, abandonada a sí misma, despliega sus silvestres galas con un lujo y una hermosura imponderables. Al pie de las tapias y por entre sus rendijas, crecen la hiedra y esas campanillas de color de rosa pálido que suben sosteniéndose en las asperezas del muro hasta trepar a los bardales de heno, por donde se cruzan y se mecen como una flotante guirnalda de verdura. La espesa y fina hierba que cubre el terreno y marca con suave claro-oscuro todas sus ondulaciones produce el efecto de un tapiz bordado de esas mil florecillas cuyos poéticos nombres ignora la ciencia, y sólo podrían decir las muchachas del lugar, que en las tardes de mayo las cogen en el halda para engalanar el retablo de la Virgen.

Allí, en medio de algunas espigas, cuya simiente acaso trajo el aire de las eras cercanas, se columpian las amapolas con sus cuatro hojas purpúreas y descompuestas: las margaritas blancas y menudas, cuyos pétalos arrancan uno a uno los amantes, semejan copos de nieve que el calor no ha podido derretir, contrastando con los dragoncillos corales y esas estrellas de cinco rayos amarillas e inodoras que llaman de los muertos, las cuales crecen salpicadas en los campo-santos entre las ortigas, las rosas de los espinos, los cardos silvestres y las alcachoferas puntiagudas y frondosas. Una brisa pura y agradable mueve las flores, que se balancean con lentitud, y las altas hierbas, que se inclinan y levantan a su empuje como las pequeñas olas de un mar verde y agitado. El sol resbala suavemente sobre los objetos, los ilumina o los trasparenta, aumentando la intensidad y la brillantez de sus tintas, y parece que los dibuja con un perfil de oro para que destaquen entre sí con más limpieza. Algunas mariposas revolotean de acá para allá haciendo en el aire esos giros extraños que fatigan la vista que inútilmente se empeña en seguir su vuelo tortuoso; y mientras las abejas estrechan sus círculos zumbando alrededor de los cálices llenos de perfumada miel, y los pardillos picotean los insectos que pululan por el bardal de la tapia, una lagartija asoma su cabeza triangular y aplastada y sus ojos pequeños y vivos por entre sus hendiduras, y huye temerosa a guarecerse en su escondite al menor movimiento.

Después que hube abarcado con una mirada el conjunto de aquel cuadro, imposible de reproducir con frases siempre descoloridas y pobres, me senté en un pedrusco, lleno de esa emoción sin ideas que experimentamos siempre que una cosa cualquiera nos impresiona profundamente, y parece que nos sobrecoge por su novedad o su hermosura. En esos instantes rapidísimos en que la sensación fecunda la inteligencia, y allá en el fondo del cerebro tiene lugar la misteriosa concepción de los pensamientos que han de surgir algún día evocados por la memoria, nada se piensa, nada se razona: los sentidos todos parecen ocupados en recibir y guardar la impresión que analizarán más tarde.

Sintiendo aún las vibraciones de esta primera sacudida del alma, que la sumerge en un agradable sopor, estuve, pues, largo tiempo, hasta que gradualmente comenzaron a extinguirse, y poco a poco fueron levantándose las ideas relativas. Estas ideas, que ya han cruzado otras veces por la imaginación y duermen olvidadas en alguno de sus rincones, son siempre las primeras en acudir cuando se toca su resorte misterioso. No sé si a todos les habrá pasado igualmente; pero a mí me ha sucedido con bastante frecuencia preocuparme en ciertos momentos con la idea de la muerte, y pensar largo rato y concebir deseos y formular votos acerca de la destinación futura, no sólo de mi espíritu, sino de mis despojos mortales. En cuanto al alma, dicho se está que siempre he deseado que se encaminase al cielo. Con el destino que darían a mi cuerpo es con lo que más he batallado, y acerca de lo cual he echado más a menudo a volar la fantasía. En aquel punto en que todas aquellas viejas locuras de mi imaginación salieron en tropel de los desvanes de la cabeza donde tengo arrinconados, como trastos inútiles, los pensamientos extraños, las ambiciones absurdas y las historias imposibles de la adolescencia, ilusiones rosadas que, como los trajes antiguos, se han ajado ya y se han puesto de color de ala de mosca con los años, fue cuando pude apreciar, corriendo al compararlas entre sí, la candidez de mis aspiraciones juveniles.

En Sevilla, y en la margen del Guadalquivir, que conduce al convento de San Jerónimo, hay cerca del agua una especie de remanso que fertiliza un valle en miniatura formado por el corte natural de la ribera, que en aquel lugar es bien alta y tiene un rápido declive. Dos o tres álamos blancos, corpulentos y frondosos, entretejiendo sus copas, defienden aquel sitio de los rayos del sol, que rara vez logra deslizarse entre las ramas, cuyas hojas producen un ruido manso y agradable cuando el viento las agita y las hace parecer ya plateadas, ya verdes, según del lado que las empuja. Un sauce baña sus raíces en la corriente del río, hacia el que se inclina como agobiado de un peso invisible, y a su alrededor crecen multitud de juncos y de esos lirios amarillos y grandes que nacen espontáneos al borde de los arroyos y las fuentes.

Cuando yo tenía catorce o quince años, y mi alma estaba henchida de deseos sin nombre, de pensamientos puros y de esa esperanza sin límites que es la más preciada joya de la juventud; cuando yo me juzgaba poeta; cuando mi imaginación estaba llena de esas risueñas fábulas del mundo clásico, y Rioja en sus silvas a las flores, Herrera en sus tiernas elegías y todos mis cantores sevillanos, dioses penates de mi especial literatura, me hablaban de continuo del Betis majestuoso, el río de las ninfas, de las náyades y los poetas, que corre al Océano escapándose de un ánfora de cristal, coronado de espadañas y laureles, ¡cuántos días, absorto en la contemplación de mis sueños de niño, fui a sentarme en su ribera, y allí, donde los álamos me protegían con su sombra, daba rienda suelta a mis pensamientos y forjaba una de esas historias imposibles, en las que hasta el esqueleto de la muerte se vestía a mis ojos con galas fascinadoras y espléndidas! Yo soñaba entonces una vida independiente y dichosa, semejante a la del pájaro, que nace para cantar, y Dios le procura de comer; soñaba esa vida tranquila del poeta que irradia con suave luz de una en otra generación; soñaba que la ciudad que me vio nacer se enorgulleciese con mi nombre, añadiéndolo al brillante catálogo de sus ilustres hijos; y cuando la muerte pusiera un término a mi existencia, me colocasen para dormir el sueño de oro de la inmortalidad a la orilla del Betis, al que yo habría cantado en odas magníficas, y en aquel mismo punto adonde iba tantas veces a oír el suave murmullo de sus ondas. Una piedra blanca con una cruz y mi nombre serían todo el monumento.

Los álamos blancos, balanceándose día y noche sobre mi sepultura, parecerían rezar por mi alma con el susurro de sus hojas plateadas y verdes, entre las que vendrían a refugiarse los pájaros para cantar al amanecer un himno alegre a la resurrección del espíritu a regiones más serenas; el sauce, cubriendo aquel lugar de una flotante sombra, le prestaría su vaga tristeza, inclinándose y derramando en derredor sus ramas desmayadas y flexibles como para proteger y acariciar mis despojos; y hasta el río, que en las horas de creciente casi vendría a besar el borde de la losa cercada de juncos, arrullaría mi sueño con una música agradable. Pasado algún tiempo, y después que la losa comenzara a cubrirse de manchas de musgo, una mata de campanillas, de esas campanillas azules con un disco de carmín en el fondo que tanto me gustaban, crecería a su lado enredándose por entre sus grietas y vistiéndola con sus hojas anchas y trasparentes, que no sé por qué misterio tienen la forma de un corazón; los insectos de oro con alas de luz, cuyo zumbido convida a dormir en la calurosa siesta, vendrían a revolotear en torno de sus cálices; para leer mi nombre, ya borroso por la acción de la humedad y los años, sería preciso descorrer un cortinaje de verdura. Pero ¿para qué leer mi nombre? ¿Quién no sabría que yo descansaba allí? Algún desconocido admirador de mis versos plantaría un laurel que, descollando altivo entre los otros árboles, hablase a todos de mi gloria; y ya una mujer enamorada que halló en mis cantares un rasgo de esos extraños fenómenos del amor que sólo las mujeres saben sentir y los poetas descifrar, ya un joven que se sintió inflamado con el sacro fuego que hervía en mi mente, y a quien mis palabras revelaron nuevos mundos de la inteligencia, hasta entonces para él ignotos, o un extranjero que vino a Sevilla llamado por la fama de su belleza y los recuerdos que en ella dejaron sus hijos echaría una flor sobre mi tumba, contemplándola un instante con tierna emoción, con noble envidia o respetuosa curiosidad: a la mañana, las gotas del rocío resbalarían como lágrimas sobre su superficie.

Después de remontado el sol, sus rayos la dorarían penetrando tal vez en la tierra y abrigando con su dulce calor mis huesos. En la tarde y a la hora en que las aguas del Guadalquivir copian temblando el horizonte de fuego, la árabe torre y los muros romanos de mi hermosa ciudad, los que siguen la corriente del río en un ligero bote que deja en pos una inquieta línea de oro, dirían al ver aquel rincón de verdura donde la piedra blanqueaba al pie de los árboles: «Allí duerme el poeta». Y cuando el gran Betis dilatase sus riberas hasta los montes; cuando sus alteradas ondas, cubriendo el pequeño valle, subiesen hasta la mitad del tronco de los álamos, las ninfas que viven ocultas en el fondo de sus palacios, diáfanos y trasparentes, vendrían a agruparse alrededor de mi tumba: yo sentiría la frescura y el rumor del agua agitada por sus juegos; sorprendería el secreto de sus misteriosos amores; sentiría tal vez la ligera huella de sus pies de nieve al resbalar sobre el mármol en una danza cadenciosa, oyendo, en fin, como cuando se duerme ligeramente se oyen las palabras y los sonidos de una manera confusa, el armonioso coro de sus voces juveniles y las notas de sus liras de cristal.

Así soñaba yo en aquella época. ¡A tanto y a tan poco se limitaban entonces mis deseos! Pasados algunos años, luego que hube salido de mi ciudad querida; después que mis ideas tomaron poco a poco otro rumbo, y la imaginación, cansada ya de idilios, de ninfas, de poesías y de flores, comenzó a remontarse a épocas distantes, complaciéndose en vestir con sus galas las dramáticas escenas de la historia, fingiendo un marco de oro para cada uno de sus cuadros y haciendo un pedestal para cada uno de sus personajes, volví a soñar, y, como en las comedias de magia, nuevas decoraciones de fantasía sustituyeron a las antiguas, y la vara mágica del deseo hizo posible en la mente nuevos absurdos.

¡Cuántas veces, después de haber discurrido por las anchurosas naves de alguna de nuestras inmensas catedrales góticas, o de haberme sorprendido la noche en uno de esos imponentes y severos claustros de nuestras históricas abadías, he vuelto a sentir inflamada mi alma con la idea de la gloria, pero una gloria más ruidosa y ardiente que la del poeta! Yo hubiera querido ser un rayo de la guerra, haber influido poderosamente en los destinos de mi patria, haber dejado en sus leyes y sus costumbres la profunda huella de mi paso; que mi nombre resonase unido y como personificándola a alguna de sus grandes revoluciones, y luego, satisfecha mi sed de triunfos y de estrépito, caer en un combate, oyendo como el último rumor del mundo el agudo clamor de la trompetería de mis valerosas huestes para ser conducido sobre el pavés, envuelto en los pliegues de mi destrozada bandera, emblema de cien victorias, a encontrar la paz del sepulcro en el fondo de uno de esos claustros santos, donde vive el eterno silencio y al que los siglos prestan su majestad y su color misterioso e indefinible. Una airosa ojiva, erizada de hojas revueltas y puntiagudas, por entre las cuales se enroscaran, asomando su deforme cabeza, por aquí un grifo, por allá uno de esos monstruos alados, engendro de la imaginación del artífice, bañaría en oscura sombra mi sepulcro: a su alrededor, y debajo de calados doseletes, los santos patriarcas, los bienaventurados y los mártires con sus miembros de hierro y sus emblemáticos atributos, parecerían santificarle con su presencia. Dos guerreros inmóviles y vestidos de su fantástica y blanca armadura velarían día y noche de hinojos a sus costados; y mientras que mi estatua de alabastro riquísimo y transparente, con arreos de batallar, la espada sobre el pecho y un león a los pies, dormiría majestuosa sobre el túmulo, los ángeles que, envueltos en largas túnicas y con un dedo en los labios, sostuviesen el cojín sobre que descansaba mi cabeza, parecerían llamar con sus plegarias a las santas visiones de oro que llenan el desconocido sueño de la muerte de los justos, defendiéndome con sus alas de los terrores y de las angustias de una pesadilla eterna.

En los huecos de la urna y entre un sinnúmero de arcos con caireles y grumos de hojas de trébol, rosetas caladas, haces de columnillas y esas largas procesiones de plañideras que, envueltas en sus mantos de piedra, andan, al parecer, en torno del monumento llorando con llanto sin gemidos, se verían mis escudos triangulares soportados por reyes de armas con sus birretes y sus blasonadas casullas, y en los cuarteles, realzados con vivos colores, merced a un hábil iluminador, las bandas de oro, las estrellas, los versos y los motes heráldicos con una larga inscripción en esa letra gótica, estrecha y puntiaguda, donde el curioso, lleno de hondo respeto, leería con pena y casi descifrándolos mi nombre, mis títulos y mi gloria. Allí, rodeado de esa atmósfera de majestad que envuelve a todo lo grande, sin que turbaran mi reposo más que el agudo chillido de una de esas aves nocturnas de ojos redondos y fosfóricos, que acaso viniera a anidar entre los huecos del arco, viviría todo lo que vive un recuerdo histórico y glorioso unido a una magnífica obra de arte; y en la noche, cuando un furtivo rayo de luna dibujase en el pavimento del claustro los severos perfiles de las ojivas; cuando sólo se oyesen los gemidos del aire extendiéndose de eco en eco por sus inmensas bóvedas; después de haberse perdido la última vibración de la campana que toca la queda, mi estatua, en la que habría algo de lo que yo fui, un poco de ese soplo que anima el barro encadenado por un fenómeno incomprensible al granito, ¡quién sabe si se levantaría de su lecho de piedra para discurrir por entre aquellas gigantes arcadas con los otros guerreros que tendrían su sepultura por allí cerca, con los prelados revestidos de sus capas pluviales y sus mitras, y esas damas de largo brial y plegados monjiles que, hermosas aun en la muerte, duermen sobre las urnas de mármol en los más oscuros ángulos de los templos...!

Desde que impresionada la imaginación por la vaga melancolía o la imponente hermosura de un lugar cualquiera, se lanzaba a construir con fantásticos materiales uno de esos poéticos recintos, último albergue de mis mortales despojos, hasta el punto aquel en que, sentado al pie de la humilde tapia del cementerio de una aldea oscura, parecía como que se reposaba mi espíritu en su honda calma y se abrían mis ojos a la luz de la realidad de las cosas, ¡qué revolución tan radical y profunda no se ha hecho en todas mis ideas! ¡Cuántas tempestades silenciosas no han pasado por mi frente; cuántas ilusiones no se han secado en mi alma; a cuántas historias de poesía no les he hallado una repugnante vulgaridad en el último capítulo! Mi corazón, a semejanza de nuestro globo, era como una masa incandescente y líquida, que poco a poco se va enfriando y endureciendo. Todavía queda algo que arde allá en lo más profundo, pero rara vez sale a la superficie. Las palabras amor, gloria, poesía no me suenan al oído como me sonaban antes. ¡Vivir...! Seguramente que deseo vivir, porque la vida, tomándola tal como es, sin exageraciones ni engaños, no es tan mala como dicen algunos; pero vivir oscuro y dichoso en cuanto es posible, sin deseos, sin inquietudes, sin ambiciones, con esa felicidad de la planta que tiene a la mañana su gota de rocío y su rayo de sol; después un poco de tierra echada con respeto y que no apisonen y pateen los que sepultan por oficio; un poco de tierra blanda y floja que no ahogue ni oprima; cuatro ortigas, un cardo silvestre y alguna hierba que me cubra con su manto de raíces y, por último, un tapial que sirva para que no aren en aquel sitio, ni revuelvan los huesos.

He aquí hoy por hoy todo lo que ambiciono. Ser un comparsa en la inmensa comedia de la humanidad; y concluido mi papel de hacer bulto, meterme entre bastidores, sin que me silben ni me aplaudan, sin que nadie se aperciba siquiera de mi salida.

No obstante esta profunda indiferencia, se me resiste el pensar que podrían meterme preso en un ataúd formado con las cuatro tablas de un cajón de azúcar, en uno de los huecos de la estantería de una sacramental, para esperar allí la trompeta del juicio como empapelado, detrás de una lápida con una redondilla elogiando mis virtudes domésticas, e indicando precisamente el día y la hora de mi nacimiento y de mi muerte. Esta profunda e instintiva preocupación ha sobrevivido, no sin asombro por mi parte, a casi todas las que he ido abandonando en el curso de los años; pero, al paso que voy, probablemente mañana no existirá tampoco; y entonces me será tan igual que me coloquen debajo de una pirámide egipcia, como que me aten una cuerda a los pies y me echen a un barranco como un perro.

Ello es que cada día voy creyendo más que de lo que vale, de lo que es algo, no ha de quedar ni un átomo aquí.

IV

Queridos amigos:

El tiempo, que hasta aquí se mantenía revuelto y mudable, ha sufrido últimamente una nueva e inesperada variación, cosa, a la verdad, poco extraña a estas alturas, donde la proximidad del Moncayo nos tiene de continuo como a los espectadores de una comedia de magia, embobados y suspensos con el rápido mudar de las decoraciones y de las escenas. A las alternativas de frío y calor, de aires y de bochorno de una primavera, que en cuanto a desigual y caprichosa nada tiene que envidiar a la que disfrutan ustedes en la coronada villa, ha sucedido un tiempo constante, sereno y templado. Merced a estas circunstancias y a encontrarme bastante mejor de las dolencias que, cuando no me imposibilitan del todo, me quitan por lo menos el gusto para las largas expediciones, he podido dar una gran vuelta por estos contornos y visitar los pintorescos lugares del Somontano. Fuera del camino, ya trepando de roca en roca, ya siguiendo el curso de una huella o las profundidades de una cañada, he vagado tres o cuatro días de un punto a otro por donde me llamaban el atractivo de la novedad, un sitio inexplorado, una senda quebrada, una punta al parecer inaccesible.

No pueden ustedes figurarse el botín de ideas e impresiones que, para enriquecer la imaginación, he recogido en esta vuelta por un país virgen aún y refractario a las innovaciones civilizadoras. Al volver al monasterio, después de haberme detenido aquí para recoger una tradición oscura de boca de una aldeana, allá para apuntar los fabulosos datos sobre el origen de un lugar o la fundación de un castillo, trazar ligeramente con el lápiz el contorno de una casuca medio árabe, medio bizantina, un recuerdo de las costumbres, o un tipo perfecto de los habitantes, no he podido menos de recordar el antiguo y manoseado símil de las abejas que andan revoloteando de flor en flor y vuelven a su colmena cargadas de miel. Los escritores y los artistas debían hacer con frecuencia algo de esto mismo. Sólo así podríamos recoger la última palabra de una época que se va, de la que sólo quedan hoy algunos rastros en los más apartados rincones de nuestras provincias, y de la que apenas restará mañana un recuerdo confuso.

Yo tengo fe en el porvenir: me complazco en asistir mentalmente a esa inmensa e irresistible invasión de las nuevas ideas que van trasformando poco a poco la faz de la humanidad, que merced a sus extraordinarias invenciones fomentan el comercio de la inteligencia, estrechan el vínculo de los países fortificando el espíritu de las grandes nacionalidades, y borrando, por decirlo así, las preocupaciones y las distancias, hacen caer unas tras otras las barreras que separan a los pueblos. No obstante, sea cuestión de poesía, sea que es inherente a la naturaleza frágil del hombre simpatizar con lo que perece y volver los ojos con cierta triste complacencia hacia lo que ya no existe; ello es que en el fondo de mi alma consagro como una especie de culto, una veneración profunda por todo lo que pertenece al pasado, y las poéticas tradiciones, las derruidas fortalezas, los antiguos usos de nuestra vieja España tienen para mí todo ese indefinible encanto, esa vaguedad misteriosa de la puesta del sol de un día espléndido, cuyas horas, llenas de emociones, vuelven a pasar por la memoria vestidas de colores y de luz, antes de sepultarse en las tinieblas en que se han de perder para siempre.

Cuando no se conocen ciertos períodos de la historia más que por la incompleta y descarnada relación de los enciclopedistas, o por algunos restos diseminados como los huesos de un cadáver, no pudiendo apreciar ciertas figuras desasidas del verdadero fondo del cuadro en que estaban colocadas, suele juzgarse de todo lo que fue con un sentimiento de desdeñosa lástima o un espíritu de aversión intransigente; pero si se penetra, merced a un estudio concienzudo, en algunos de sus misterios, si se ven los resortes de aquella gran máquina que hoy juzgamos absurda al encontrarla rota, si, merced a un supremo esfuerzo de la fantasía ayudada por la erudición y el conocimiento de la época, se consigue condensar en la mente algo de aquella atmósfera de arte, de entusiasmo, de virilidad y de fe, el ánimo se siente sobrecogido ante el espectáculo de su múltiple organización, en que las partes relacionadas entre sí correspondían perfectamente al todo, y en que los usos, las leyes, las ideas y las aspiraciones se encontraban en una armonía maravillosa. No es esto decir que yo desee para mí ni para nadie la vuelta de aquellos tiempos. Lo que ha sido no tiene razón de ser nuevamente, y no será.

Lo único que yo desearía es un poco de respetuosa atención para aquellas edades, un poco de justicia para los que lentamente vinieron preparando el camino por donde hemos llegado hasta aquí, y cuya obra colosal quedará acaso olvidada por nuestra ingratitud e incuria. La misma certeza que tengo de que nada de lo que desapareció ha de volver, y que, en la lucha de las ideas, las nuevas han herido de muerte a las antiguas, me hace mirar cuanto con ellas se relaciona con algo de esa piedad que siente hacia el vencido un vencedor generoso. En este sentimiento hay también un poco de egoísmo. La vida de una nación, a semejanza de la del hombre, parece como que se dilata con la memoria de las cosas que fueron, y, a medida que es más viva y más completa su imagen, es más real esa segunda existencia del espíritu en lo pasado, existencia más preferible y positiva tal vez que la del punto presente. Ni de lo que está siendo ni de lo que será puede aprovecharse la inteligencia para sus altas especulaciones: ¿qué nos resta pues de nuestro dominio absoluto, sino la sombra de lo que ha sido? Por eso al contemplar los destrozos causados por la ignorancia, el vandalismo o la envidia durante nuestras últimas guerras; al ver todo lo que en objetos dignos de estimación, en costumbres peculiares y primitivos recuerdos de otras épocas se ha extraviado y puesto en desuso de sesenta años a esta parte; lo que las exigencias de la nueva manera de ser social trastornan y desencajan; lo que las necesidades y las aspiraciones crecientes desechan u olvidan, un sentimiento de profundo dolor se apodera de mi alma, y no puedo menos de culpar el descuido o el desdén de los que a fines del siglo pasado pudieron aún recoger para trasmitírnoslas íntegras las últimas palabras de la tradición nacional, estudiando detenidamente nuestra vieja España, cuando aún estaban de pie los monumentos testigos de sus glorias, cuando aún en las costumbres y en la vida interna quedaban huellas perceptibles de su carácter.

Pero de esto nada nos queda ya hoy; y, sin embargo, ¿quién sabe si nuestros hijos a su vez nos envidiarán a nosotros, doliéndose de nuestra ignorancia o nuestra culpable apatía para trasmitirles siquiera un trasunto de lo que fue un tiempo su patria? ¿Quién sabe si cuando con los años todo haya desaparecido tendrán las futuras generaciones que contentarse y satisfacer su ansia de conocer el pasado con las ideas más o menos aproximadas de algún nuevo Cuvier de la arqueología, que partiendo de algún mutilado resto o una vaga tradición lo reconstruya hipotéticamente? Porque no hay duda: el prosaico rasero de la civilización va igualándolo todo. Un irresistible y misterioso impulso tiende a unificar los pueblos con los pueblos, las provincias con las provincias, las naciones con las naciones, y quién sabe si las razas con las razas. A medida que la palabra vuela por los hilos telegráficos, que el ferrocarril se extiende, la industria se acrecienta, y el espíritu cosmopolita de la civilización invade nuestro país, van desapareciendo de él sus rasgos característicos, sus costumbres inmemoriales, sus trajes pintorescos y sus rancias ideas. A la inflexible línea recta, sueño dorado de todas las poblaciones de alguna importancia, se sacrifican las caprichosas revueltas de nuestros barrios moriscos, tan llenos de carácter, de misterio y de fresca sombra; de un retablo al que vivía unida una tradición, no queda aquí más que el nombre escrito en el azulejo de una bocacalle; a un palacio histórico con sus arcos redondos y sus muros blasonados, sustituye más allá una manzana de casas a la moderna; las ciudades, no cabiendo ya dentro de su antiguo perímetro, rompen el cinturón de fortalezas que las ciñe, y unas tras otras vienen al suelo las murallas fenicias, romanas, godas o árabes.

¿Dónde están los canceles y las celosías morunas? ¿Dónde los pasillos embovedados, los aleros salientes de maderas labradas, los balcones con su guarda-polvo triangular, las ojivas con estrellas de vidrio, los muros de los jardines por donde rebosa la verdura, las encrucijadas medrosas, los carasoles de las tafurerías y los espaciosos atrios de los templos? El albañil, armado de su implacable piqueta, arrasa los ángulos caprichosos, tira los puntiagudos tejados o demuele los moriscos miradores, y mientras el brochista roba a los muros el artístico color que le han dado los siglos, embadurnándolos de cal y almagra, el arquitecto los embellece a su modo con carteles de yeso y cariátides de escayola, dejándolos más vistosos que una caja de dulces franceses. No busquéis ya los cosos donde justaban los galanes, las piadosas ermitas albergue de los peregrinos, o el castillo hospitalario para el que llamaba de paz a sus puertas. Las almenas caen unas tras otras de lo alto de los muros y van cegando los fosos; de la picota feudal sólo quedan un trozo de granito informe, y el arado abre un profundo surco en el patio de armas. El traje característico del labriego comienza a parecer un disfraz fuera del rincón de su provincia; las fiestas peculiares de cada población comienzan a encontrarse ridículas o de mal gusto por los más ilustrados, y los antiguos usos caen en olvido, la tradición se rompe y todo lo que no es nuevo se menosprecia.

Estas innovaciones tienen su razón de ser, y por tanto no seré yo quien las anatematice. Aunque me entristece el espectáculo de esa progresiva destrucción de cuanto trae a la memoria épocas que, si en efecto no lo fueron sólo por no existir ya, nos parecen mejores, yo dejaría al tiempo seguir su curso y completar sus inevitables revoluciones, como dejamos a nuestras mujeres o a nuestras hijas que arrinconen en un desván los trastos viejos de nuestros padres para sustituirlos con muebles modernos y de más buen tono; pero ya que ha llegado la hora de la gran trasformación, ya que la sociedad animada de un nuevo espíritu se apresura a revestirse de una nueva forma, debíamos guardar, merced al esfuerzo de nuestros escritores y nuestros artistas, la imagen de todo eso que va a desaparecer, como se guarda después que muere el retrato de una persona querida. Mañana, al verlo todo constituido de una manera diversa, al saber que nada de lo que existe existía hace algunos siglos, se preguntarán los que vengan detrás de nosotros de qué modo vivían sus padres, y nadie sabrá responderles; y no conociendo ciertos pormenores de localidad, ciertas costumbres al influjo de determinadas ideas en el espíritu de una generación, que tan perfectamente reflejarán sus adelantos y sus aspiraciones, leerán la historia sin sabérsela explicar, y verán moverse a nuestros héroes nacionales con la estupefacción con que los muchachos ven moverse una marioneta sin saber los resortes a que obedece.

A mí me hace gracia observar cómo se afanan los sabios, qué grandes cuestiones enredan y con qué exquisita diligencia se procuran los datos acerca de las más insignificantes particularidades de la vida doméstica de los egipcios o los griegos, en tanto que se ignoran los más curiosos pormeno res de nuestras costumbres propias; cómo se remontan y se pierden de inducción en inducción, por entre el laberinto de las lenguas caldaicas, sajonas o sánscritas, en busca del ori gen de las palabras, en tanto que se olvidan de investigar algo más interesante: el origen de las ideas.

En otros países más adelantados que el nuestro, y donde por consiguiente el ansia de las innovaciones lo ha trastornado todo más profundamente, se deja ya sentir la reacción en sentido favorable a este género de estudios; y aunque tarde, para que sus trabajos den el fruto que se debió esperar, la Edad Media y los períodos históricos que más de cerca se encadenan con el momento actual comienzan a ser estudiados y comprendidos. Nosotros esperaremos regularmente a que se haya borrado la última huella para empezar a buscarla. Los esfuerzos aislados de algún que otro admirador de esas cosas poco o casi nada pueden hacer. Nuestros viajeros son en muy corto número, y por lo regular no es su país el campo de sus observaciones. Aunque así no fuese, una excursión por las capitales, hoy que en su gran mayoría están ligadas con la gran red de vías férreas, escasamente lograría llenar el objeto de los que desean hacer un estudio de esta índole. Es preciso salir de los caminos trillados, vagar al acaso de un lugar en otro, dormir medianamente, y no comer mejor; es preciso fe y verdadero entusiasmo por la idea que se persigue para ir a buscar los tipos originales, las costumbres primitivas y los puntos verdaderamente artísticos a los rincones donde su oscuridad les sirve de salvaguardia, y de donde poco a poco los van desalojando la invasora corriente de la novedad y los adelantos de la civilización. Todos los días vemos a los gobiernos emplear grandes sumas en enviar gentes que no sin peligros y dificultades recogen en lejanos países bichitos, florecitas y conchas.

Porque yo no sea un sabio ni mucho menos, no dejo de conocer la verdadera importancia que tienen las ciencias naturales; pero la ciencia moral ¿por qué ha de dejarse en un inexplicable abandono? ¿Por qué al mismo tiempo que se recogen los huesos de un animal antediluviano, no se han de coger las ideas de otros siglos traducidas en objetos de arte y usos extraños, diseminados acá y allá como los fragmentos de un coloso hecho mil pedazos? Este inmenso botín de impresiones de pequeños detalles, de joyas extraviadas, de trajes pintorescos, de costumbres características animadas y revestidas de esa vida que presta a cuanto toca una pluma inteligente o un lápiz diestro, ¿no creen ustedes, como yo, que serían de grande utilidad para los estudios particulares y verdaderamente filosóficos de un período cualquiera de la historia? Verdad que nuestro fuerte no es la historia. Si algo hemos de saber en este punto, casi siempre se ha de tomar algún extranjero el trabajo de decírnoslo del modo que a él mejor le parece. Pero ¿por qué no se ha de abrir este ancho campo a nuestros escritores facilitándoles el estudio y despertando y fomentando su afición? Hartos estamos de ver en obras dramáticas, en novelas que se llaman históricas y cuadros que llenan nuestras exposiciones, asuntos localizados en éste o el otro período de un siglo cualquiera, y que, cuando más, tienen de ellos un carácter muy dudoso y susceptible de severa crítica, si los críticos a su vez no supieran en este punto lo mismo o menos que los autores y artistas a quienes han de juzgar.

Las colecciones de trajes y muebles de otros países, los detalles que acerca de costumbres de remotos tiempos se hallan en las novelas de otras naciones, o lo poco o mucho que nuestros pensionados aprenden relativo a otros tipos historicos y otras épocas nunca son idénticos ni tienen un sello especial; son las únicas fuentes donde bebe su erudición y forma su conciencia artística la mayoría. Para remediar este mal, muchos medios podrían proponerse más o menos eficaces, pero que al fin darían algún resultado ventajoso. No es mi ánimo, ni he pensado lo suficiente sobre la materia, el trazar un plan detallado y minucioso que, como la mayor parte de los que se trazan, no llegue a realizarse nunca. No obstante, en ésta o en la otra forma, bien pensionándolos, bien adquiriendo sus estudios o coadyuvando a que se diesen a luz, el gobierno debía fomentar la organización periódica de algunas expediciones artísticas a nuestras provincias. Estas expediciones, compuestas de grupos de un pintor, un arquitecto y un literato, seguramente recogerían preciosos materiales para obras de grande entidad. Unos y otros se ayudarían en sus observaciones mutuamente, ganarían en esa fraternidad artística, en ese comercio de ideas tan continuamente relacionadas entre sí, y sus trabajos reunidos serían un verdadero arsenal de datos, ideas y descripciones útiles para todo género de estudios.

Además de la ventaja inmediata que reportaría esta especie de inventario artístico e histórico de todos los restos de nuestra pasada grandeza, ¿qué inmensos frutos no daría más tarde esa semilla de impresiones, de enseñanza y de poesía, arrojada en el alma de la generación joven, donde iría germinando para desarrollarse tal vez en lo porvenir? Ya que el impulso de nuestra civilización, de nuestras costumbres, de nuestras artes y de nuestra literatura viene del extranjero, ¿por qué no se ha de procurar modificarlo poco a poco, haciéndolo más propio y más característico con esa levadura nacional?

Como introducción al rápido bosquejo de uno de esos tipos originales de nuestro país, que he podido estudiar en mis últimas correrías, comencé a apuntar de pasada y a manera de introducción algunas reflexiones acerca de la utilidad de este género de estudios. Sin saber cómo ni por dónde, la pluma ha ido corriendo, y me hallo ahora con que para introducción es esto muy largo, si bien ni por sus dimensiones y su interés parece bastante para formar artículo de por sí. De todos modos, allá van esas cuartillas, valgan por lo que valieren: que si alguien de más conocimientos e importancia, una vez apuntada la idea, la desarrolla y prepara la opinión para que fructifique, no serán perdidas del todo. Yo, entretanto, voy a trazar un tipo bastante original, y que desconfío de poder reproducir. Ya que no de otro modo, y aunque poco valga, contribuiré al éxito de la predicación con el ejemplo.

V

QUERIDOS amigos:

Entre los muchos sitios pintorescos y llenos de carácter que se encuentran en la antigua ciudad de Tarazona, la plaza del Mercado es sin duda alguna el más original y digno de estudio. Parece que no ha pasado para ella el tiempo que todo lo destruye o altera. Al verse en mitad de aquel espacio de forma irregular y cerrado por lienzos de edificios a cual más caprichosos y vetustos, nadie diría que nos hallamos en pleno siglo XIX, siglo amante de la novedad por excelencia, siglo aficionado hasta la exageración a lo flamante, lo limpio y lo uniforme. Hay cosas que son más para vistas que para trasladadas al lienzo, siquiera el que lo intente sea un artista consumado, y esta plaza es una de ellas. A donde no alcanza, pues, ni la paleta del pintor con sus infinitos recursos, ¿cómo podrá llegar mi pluma, sin más medios que la palabra, tan pobre, tan insuficiente para dar idea de lo que es todo un efecto de líneas, de claro-oscuro, de combinación de colores, de detalles que se ofrecen juntos a la vista, de rumores y sonidos que se perciben a la vez, de grupos que se forman y se deshacen, de movimiento que no cesa, de luz que hiere, de ruido que aturde, de vida, en fin, con sus múltiples manifestaciones, imposibles de sorprender con sus infinitos accidentes ni aun merced a la cámara fotográfica? Cuando se acomete la difícil empresa de descomponer esa extraña armonía de la forma, el color y el sonido; cuando se intenta dar a conocer sus pormenores, enumerando unas tras otras las partes del todo, la atención se fatiga, el discurso se embrolla y se pierde por completo la idea de la íntima relación que estas cosas tienen entre sí, el valor que mutuamente se prestan al ofrecerse reunidas a la mirada del espectador, para producir el efecto del conjunto, que es, a no dudarlo, su mayor atractivo.

Renuncio, pues, a describir el panorama del mercado con sus extensos soportales, formados de arcos macizos y redondos sobre los que gravitan esas construcciones voladas, tan propias del siglo XVI, llenas de tragaluces circulares, de rejas de hierro labradas a martillo, de balcones imposibles de todas formas y tamaños, de aleros puntiagudos y de canes de madera, ya medio podrida y cubierta de polvo, que deja ver a trechos el costoso entalle, muestra de su primitivo esplendor.

Los mil y mil accidentes pintorescos que a la vez cautivan al ánimo y llaman la vista como reclamando la prioridad de la descripción; las dobles hileras de casuquillas de extraño contorno y extravagantes proporciones, éstas altas y estrechas como un castillo, aquéllas chatas y agazapadas entre el ángulo de un templo y los muros de un palacio como una verruga de argamasa y escombros; los recortados lienzos de edificios con un remiendo moderno, un trozo de piedra que acusa su antigüedad, un escudo de pizarra que oculta casi el rótulo de una mercería, un retablillo con una imagen de la

Purísima y su farol ahumado y diminuto, o el retorcido tronco de una vid que sale del interior por un agujero practicado en la pared y sube hasta sombrear con un toldo de verdura el alféizar de un ajimez árabe, confundidos y entremezclados en mi memoria con el recuerdo de la monumental fachada de la casa-ayuntamiento, con sus figuras colosales de granito, sus molduras de hojarasca, sus frisos por donde se extiende una larga y muda procesión de guerreros de piedra, precedidos de timbales y clarines, sus torres cónicas, sus arcos chatos y fuertes, y sus blasones soportados por ángeles y grifos rampantes forman en mi cabeza un caos tan difícil de desembrollar en este momento que, si ustedes con su imaginación no hacen en él la luz y lo ordenan y colocan a su gusto todas estas cosas que yo arrojo a granel sobre las cuartillas, las figuras de mi cuadro se quedarán sin fondo, los actores de mi comedia se agitarán en un escenario sin decoración ni acompañamiento.

Figúrense ustedes, pues, partiendo de estos datos y como mejor les plazca, el mercado de Tarazona, figúrense ustedes que ven, por aquí, cajones formados de tablas y esteras, tenduchos levantados de improviso con estacas y lienzos, mesillas cojas y contrahechas, bancos largos y oscuros, y por allá, cestos de fruta que ruedan hasta el arroyo, montones de hortalizas frescas y verdes, rimeros de panes blancos y rubios, trozos de carne que cuelgan de garfios de hierro, tenderetes de ollas, pucheros y platos, guirnaldas de telas de colorines, pañuelos de tintas rabiosas, zapatos de cordobán y alpargatas de cáñamo que engalanan los soportales, sujetos con cordeles, de columna a columna, y figúrense ustedes circulando por medio de ese pintoresco cúmulo de objetos, producto de la atrasada agricultura y la pobre industria de este rincón de España, una multitud abigarrada de gentes que van y vienen en todas direcciones, paisanos con sus mantas de rayas, sus pañuelos rojos unidos a las sienes, su faja morada y su calzón estrecho, mujeres de los lugares circunvecinos con sayas azules, verdes, encarnadas y amarillas: por este lado un señor antiguo, de los que ya sólo aquí se encuentran, con su calzón corto, su media de lana oscura y su sombrero de copa; por aquél un estudiante con sus manteos y su tricornio, que recuerdan los buenos tiempos de Salamanca, y chiquillos que corren y vocean, caballerías que cruzan, vendedores que pregonan, una interjección característica por acá, los desaforados gritos de los que disputan y riñen, todo envuelto y confundido con ese rumor sin nombre que se escapa de las reuniones populares donde todos hablan, se mueven y hacen ruido a la vez, mientras se codean, avanzan, retroceden, empujan o resisten, llevados por el oleaje de la multitud.

La primera vez que tuve ocasión de presenciar este espectáculo lleno de animación y de vida, perdido entre los numerosos grupos que llenaban la plaza de un extremo a otro, apenas pude darme cuenta exacta de lo que sucedía a mi alrededor. La novedad de los tipos, los trajes y las costumbres; el extraño aspecto de los edificios y las tiendecillas, encajonadas unas entre dos pilares de mármol, otras bajo un arco severo e imponente, o levantadas al aire libre sobre tres o cuatro palitroques; hasta el pronunciado y especial acento de los que voceaban pregonando sus mercancías, nuevo complemento para mí, eran causa más que bastante a producirme ese aturdimiento que hace imposible la percepción detallada de un objeto cualquiera. Mis miradas, vagando de un punto a otro sin cesar un momento, no tenían ni voluntad propia para fijarse en un sitio. Así estuve cerca de una hora cruzando en todos sentidos la plaza, a la que, por ser día de fiesta y uno de los más clásicos de mercado, había acudido más gente que de costumbre, cuando en uno de sus extremos y cerca de una fuente donde unos lavaban las verduras, otros recogían agua en un cacharro o daban de beber a sus caballerías, distinguí un grupo de muchachas que, en su original y airoso atavío, en sus maneras y hasta en su particular modo de expresarse, conocí que serían de alguno de los pueblos de las inmediaciones de Tarazona, donde más puras y primitivas se conservan las antiguas costumbres, y ciertos tipos del alto Aragón. En efecto, aquellas muchachas, cuya fisonomía especial, cuya desenvoltura varonil, cuyo lenguaje mezclado de las más enérgicas interjecciones, contrastaba de un modo notable con la expresión de ingenua sencillez de sus rostros, con su extremada juventud y con la inocencia que descubren, a través del somero barniz de malicia de su alegre dicharacheo, se distinguían tanto de las otras mujeres de las aldeas y lugares de los contornos que, como ellas, vienen al mercado de la ciudad, que desde luego se despertó en mí la idea de hacer un estudio más detenido de sus costumbres, enterándome del punto de que procedían y el género de tráfico en que se ocupaban.

So pretexto de ajustar una carga de leña de las varias que tenían sobre algunos borriquillos pequeños, huesosos y lanudos, trabé conversación con una de las que me parecieron más juiciosas y formales, mientras las otras nos aturdían con sus voces, sus risotadas o sus chistes, pues es tal la fama de alegres y decidoras que tienen entre las gentes de la ciudad que no hay seminarista desocupado o zumbón que al pasar no les diga alguna cosa, seguro de que no ha de faltarles una ocurrencia oportuna y picante para responderles.

Mi conversación, en la que por incidencia toqué dos o tres puntos de los que deseaba aclarar, fue por lo tanto todo lo insuficiente que, dadas las condiciones del sitio y de mis interlocutoras, se podía presumir. Supe, no obstante, que eran de Añón, pueblecito que dista unas tres horas de camino de Tarazona, y que en mis paseos alrededor de esta abadía he tenido ocasión de ver varias veces muy en lontananza y casi oculto por las gigantescas ondulaciones del Moncayo, en cuya áspera falda tiene su asiento, y que su ocupación diaria consistía en ir y venir desde su aldea a la ciudad, donde traían un pequeño comercio, con la leña que en gran abundancia les suministran los montes, entre los cuales viven. Estas noticias, aunque vulgares, escasas y unidas a las que después pude adquirir por el dueño del parador en que estuve los dos o tres días que permanecí en Tarazona, en aquella ocasión sólo sirvieron para avivar mi deseo de conocer más a fondo las costumbres de este tipo particular de mujeres, en las que desde luego llaman la atención sus rasgos de belleza nada comunes y su aire resuelto y gracioso.

Esto aconteció hará cosa de tres o cuatro meses, en el intervalo de los cuales, todas las mañanas, antes de salir el sol, y confundiéndose con la algarabía de los pájaros, llegaban hasta mi celda, sacándome a veces de mi sueño, las voces alegres y sonoras, aunque un tanto desgarradas, de esas mismas muchachas que, mordiendo un tarugo de pan negro, cantando a grito herido, e interrumpiendo su canción para arrear el borriquillo en que conducen la carga de leña, atraviesan impávidas con fríos y calores, con nieves o tormentas, las tres leguas mortales de precipicios y alturas que hay desde su lugar a Tarazona. Últimamente, como ya dije a ustedes en mi anterior, el tiempo y mis dolencias, poniéndose de acuerdo para dar un punto de reposo, el uno en sus continuas variaciones y las otras en sus diarias incomodidades, me han permitido satisfacer en parte la curiosidad, visitando los lugares del Somontano, entre los que se encuentra Añón, sin duda alguna el más original por sus costumbres y el más pintoresco por sus alrededores y posición topográfica. En mi corta visita a este lugar, me expliqué perfectamente por qué en el aire y en la fisonomía de las añoneras hay algo de extraordinario, algo que las particulariza y distingue de entre todas las mujeres del país. Sus costumbres, su educación especial y su género de vida son, en efecto, diversos de los de aquellos pueblos. Añón, que en otra época perteneció a los caballeros de San Juan, cuya Orden mantiene aún en él un priorato, está situado sobre una altura en el punto en que comienza el áspero bosque de carrascas, que cubren como una sábana de verdura la base del monte.

Cuando lo tenían por sí los caballeros de la Orden hospitalaria, debió ser lugar fuerte y cerrado: hoy sólo quedan como testigos de su pasado esplendor las colosales ruinas de un castillo de inmensas proporciones, y algunos lienzos de muro que ya se esconden, ya aparecen por entre los rojizos tejados de las casas que se agrupan en derredor de estos despojos. Cada uno de los pueblos de estas cercanías tiene una reducida llanura propia para el cultivo; sólo Añón, encaramado sobre sus rocas, sin el recurso siquiera del monte, que ya no le pertenece, sin otras tierras para sembrar que los pequeños remansos que forma una de sus laderas que se degrada en ásperos escalones, necesita apelar a su ingenio y a un trabajo rudo y peligroso para sostenerse. Yo no sabré decir a ustedes si esto proviene de que los hombres se ocupaban de muy antiguo en el servicio de los caballeros, por lo cual tenían abandonadas sus casas al dominio de las mujeres, o de otra causa cualquiera que yo no me he podido explicar; ello es que en este pueblo hay algo de lo que nos refieren las fábulas de las amazonas, o de lo que habrán ustedes tenido ocasión de ver en la *Isla de San Balandrán*. No es esto decir que el sexo feo y fuerte deje de serlo tanto, cuanto es necesario para justificar ampliamente estos apelativos; pero la población femenina se agita tan en primer término, desempeña un papel tan activo en la vida pública, trabaja y va y viene de un punto a otro con tal resolución y desenfado que puede asegurarse que ella es la que da el carácter al lugar, y la que lo hace conocido y famoso en veinte leguas a la redonda. En la plaza de Tarazona, teatro de sus habilidades, en los caminos que atraviesa cantando, en el monte, a donde va a buscar furtivamente su mercancía, en las fiestas del lugar, en cualquier parte que se encuentre, si una vez se ha visto una añonera, es imposible confundirla con las demás aldeanas.

La escasa comunicación que tienen estos pueblecillos entre sí es el origen de las radicales diferencias que se notan a primera vista entre los habitantes, aun de los más próximos. Dentro del tipo aragonés, que es el general a todos ellos, hay infinitos matices que caracterizan a cada región de la provincia, a cada aldea de por sí. El tipo de las añoneras es uno con muy leves alteraciones; su traje idéntico, sus costumbres y su índole las mismas siempre.

Más esbeltas que altas, en lo erguido del talle, en el brío con que caminan, en la elasticidad de sus músculos, en la prontitud de todos sus movimientos, revelan la fuerza de que están dotadas y la resolución de su ánimo. Sus facciones, curtidas por el viento y el sol, ofrecen rasgos perfectamente regulares, mezclándose en ellas con extraña armonía la volubilidad y ese no sé qué imposible de definir que constituye la gracia, con esa leve expresión de la osadía que dilata imperceptiblemente la nariz y pliega el labio en ademán desdeñoso. Nada más pintoresco y sencillo a la vez que su traje. Un apretador de colores vivos les ciñe la cintura y deja ver la camisa, blanca como la nieve, que se pliega en derredor del cuello, sobre el que se levanta erguida, morena y varonil, la cabeza coronada de cabellos oscuros y abundantes. Una saya corta, airosa y encarnada o amarilla, les llega justamente hasta el punto de la pierna en que se atan las abarcas con un listón negro, que sube serpenteando sobre la media azul hasta bastante más arriba del tobillo.

Acostumbradas casi desde que nacen a saltar de roca en roca por entre las quebraduras del monte, su pie adquiere esa firmeza peculiar de todos los habitantes de las montañas, hasta el punto de que algunas veces da miedo cuando se las mira atravesar un sendero estrecho que bordea un barranco, emparejadas con el borriquillo que conduce la leña y saltando de una piedra en otra de las que costean el camino. Así andan las leguas, tal vez en ayunas, pero siempre riendo, siempre cantando, siempre de humor para cambiar una cuchufleta con sus compañeros de viaje. Y no haya miedo de que su cabeza vacile al atravesar un sitio peligroso, o su ligero paso se acorte al llegar a lo último de la penosa jornada; su vista tiene algo de la fijeza e intensidad de la del águila, acaso porque como ella se ha acostumbrado a medir indiferente los abismos; sus miembros, endurecidos con la costumbre del trabajo, soportan las fatigas más rudas, sin que el cansancio los entorpezca un instante.

Sólo de este modo les es posible vivir en medio de la miseria que las agobia. Cuando la noche es más oscura; cuando la nieve borra hasta las lindes de los senderos; cuando suponen que los guardas de los montes del Estado no se atreverán a aventurarse por aquellas brechas profundas y aquellos bosques de árboles intrincados y sombríos, entonces la añonera, desafiando todos los peligros, adivinando las sendas, sufriendo el temporal, escuchando por uno y otro lado los aullidos de los lobos, sale furtivamente de su lugar. Más bien que baja, puede decirse que se descuelga de roca en roca hasta el último valle que lo separa del Moncayo; armada del hacha penetra en el laberinto de carrascas oscuras, a cuyo pie nacen espinos y zarzas en montón, y, descargando rudos golpes con una fuerza y una agilidad inconcebibles, hace su acopio de leña, que después oculta para conducirla poco a poco, primero a su casa y más tarde a Tarazona, donde recibe por su trabajo material, por los peligros que afronta y las fatigas que sufre seis o siete reales a lo sumo. Francamente hablando, hay en este mundo desigualdades que asustan.

¿Quién puede sospechar que a la misma hora en que nuestras grandes damas de la corte se agrupan en el peristilo del Teatro Real, envueltas en sus calientes y vistosos albornoces, y esperan el carruaje que ha de conducirlas sobre blandos almohadones de seda a su palacio, otras mujeres, hermosas quizá como ellas, como ellas débiles al nacer, sacuden de cuando en cuando la cabeza de un lado a otro para desparcir la nieve que se les amontona encima, en tanto que rodeadas de oscuridad profunda, de peligros y de sobresaltos, hacen resonar el bosque con el crujido de los troncos que caen derribados a los golpes del hacha?

Grandes, inmensas desigualdades existen, no cabe duda; pero también es cierto que todas tienen su compensación. Yo he visto levantarse agitado y dejar escapar un comprimido sollozo a más de un pecho cubierto de leve gasa y seda; yo he visto a más de una altiva frente inclinarse triste y sin color como agobiada bajo el peso de su espléndida diadema de pedrería; en cambio, hoy como ayer, sigue despertándome el alegre canto de las añoneras que pasan por delante de las puertas del monasterio para dirigirse a Tarazona; mañana, como hoy, si salgo al camino o voy a buscarlas al mercado, las encontraré riendo y en continua broma, felices con sus seis reales, satisfechas, porque llevaran un pan negro a su familia, ufanas con la satisfacción de que a ellas se deben la burda saya que visten, y el bocado de pan que comen.

Dios, aunque invisible, tiene siempre una mano tendida para levantar por un extremo la carga que abruma al pobre. Si no, ¿quién subiría la áspera cumbre de la vida con el pesado fardo de la miseria al hombro?

VI

Queridos amigos:

Hará cosa de dos o tres años, tal vez leerían ustedes en los periódicos de Zaragoza la relación de un crimen que tuvo lugar en uno de los pueblecillos de estos contornos. Tratábase del asesinato de una pobre vieja a quien sus convecinos acusaban de bruja. Últimamente, y por una coincidencia extraña, he tenido ocasión de conocer los detalles y la historia circunstanciada de un hecho que se comprende apenas en mitad de un siglo tan despreocupado como el nuestro.

Ya estaba para acabar el día. El cielo, que desde el amanecer se mantuvo cubierto y nebuloso, comenzaba a oscurecerse a medida que el sol, que antes trasparentaba su luz a través de las nieblas, iba debilitándose, cuando, con la esperanza de ver su famoso castillo como término y remate de mi artística expedición, dejé a Litago para encaminarme a Trasmoz, pueblo del que me separaba una distancia de tres cuartos de hora por el camino más corto. Como de costumbre, y exponiéndome, a trueque de examinar a mi gusto los parajes más ásperos y accidentados, a las fatigas y la incomodidad de perder el camino por entre aquellas zarzas y peñascales, tomé el más difícil, el más dudoso y más largo, y lo perdí en efecto, a pesar de las minuciosas instrucciones de que me pertreché a la salida del lugar.

Ya enzarzado en lo más espeso y fragoso del monte, llevando del diestro la caballería por entre sendas casi impracticables, ora por las cumbres para descubrir la salida del laberinto, ora por las honduras con la idea de cortar terreno, anduve vagando al azar un buen espacio de tarde, hasta que por último, en el fondo de una cortadura tropecé con un pastor, el cual abrevaba su ganado en el riachuelo que, después de deslizarse sobre un cauce de piedras de mil colores, salta y se retuerce allí con un ruido particular que se oye a gran distancia, en medio del profundo silencio de la naturaleza que en aquel punto y a aquella hora parece muda o dormida.

Pregunté al pastor el camino del pueblo, el cual según mis cuentas no debía distar mucho del sitio en que nos encontrábamos, pues, aunque sin senda fija, yo había procurado adelantar siempre en la dirección que me habían indicado. Satisfizo el buen hombre mi pregunta lo mejor que pudo, y ya me disponía a proseguir mi azarosa jornada, subiendo con pies y manos y tirando de la caballería como Dios me daba a entender, por entre unos pedruscos erizados de matorrales y puntas, cuando el pastor que me veía subir desde lejos me dio una gran voz advirtiéndome que no tomara la *senda de la tía Casca*, si quería llegar sano y salvo a la cumbre. La verdad era que el camino, que equivocadamente había tomado, se hacía cada vez más áspero y difícil, y que por una parte la sombra que ya arrojaban las altísimas rocas, que parecían suspendidas sobre mi cabeza, y por otra el ruido vertiginoso del agua que corría profunda a mis pies, y de la que comenzaba a elevarse una niebla inquieta y azul, que se extendía por la cortadura borrando los objetos y los colores, parecían contribuir a turbar la vista y conmover el ánimo con una sensación de penoso malestar que vulgarmente podría llamarse preludio de miedo. Volví pies atrás, bajé de nuevo hasta donde se encontraba el pastor, y mientras seguíamos juntos por una trocha que se dirigía al pueblo, adonde también iba a pasar la noche mi improvisado guía, no pude menos de preguntarle con alguna insistencia por qué, aparte de las dificultades que ofrecía el ascenso, era tan peligroso subir a la cumbre por la senda que llamó de la *tía Casca*.

—Porque antes de terminar la senda —me dijo con el tono más natural del mundo—, tendríais que costear el precipicio a que cayó la maldita bruja que le da su nombre, y en el cual se cuenta que anda penando el alma que, después de dejar el cuerpo, ni Dios ni el diablo han querido para suya.

—¡Hola! —exclamé entonces como sorprendido, aunque, a decir verdad, ya me esperaba una contestación de esta o parecida clase—. Y ¿en qué diantres se entretiene el alma de esa pobre vieja por estos andurriales?

—En acosar y perseguir a los infelices pastores que se arriesgan por esa parte de monte, ya haciendo ruido entre las matas, como si fuese un lobo, ya dando quejidos lastimeros como de criatura, o acurrucándose en las quiebras de las rocas que están en el fondo del precipicio, desde donde llama con su mano amarilla y seca a los que van por el borde, les clava la mirada de sus ojos de búho y, cuando el vértigo comienza a desvanecer su cabeza, da un gran salto, se les agarra a los pies y pugna hasta despeñarlos en la sima... ¡Ah, maldita bruja! —exclamó después de un momento el pastor tendiendo el puño crispado hacia las rocas, como amenazándola—, ¡ah! maldita bruja, muchas hiciste en vida, y ni aun muerta hemos logrado que nos dejes en paz; pero, no haya cuidado, que a ti y tu endiablada raza de hechiceras os hemos de aplastar una a una, como a víboras.

—Por lo que veo —insistí, después que hubo concluido su extravagante imprecación—, está usted muy al corriente de las fechorías de esa mujer. Por ventura, ¿alcanzó usted a conocerla? Porque no me parece de tanta edad como para haber vivido en el tiempo en que las brujas andaban todavía por el mundo.

Al oír estas palabras el pastor, que caminaba delante de mí para mostrarme la senda, se detuvo un poco, y fijando en los míos sus asombrados ojos, como para conocer si me burlaba, exclamó con un acento de buena fe pasmoso:

—¡Que no le parezco a usted de edad bastante para haberla conocido! Pues ¿y si yo le dijera que no hace aún tres años cabales que con estos mismos ojos que se ha de comer la tierra la vi caer por lo alto de ese derrumbadero, dejando en cada uno de los peñascos y de las zarzas un jirón de vestido o de carne, hasta que llegó al fondo donde se quedó aplastada como un sapo que se coge debajo del pie?

—Entonces —respondí asombrado a mi vez de la credulidad de aquel pobre hombre—, daré crédito a lo que usted dice, sin objetar palabra; aunque a mí se me había figurado —añadí recalcando estas últimas frases para ver el efecto que le hacían—, que todo eso de las brujas y los hechizos no eran sino antiguas y absurdas patrañas de las aldeas.

—Eso dicen los señores de la ciudad, porque a ellos no les molestan; y, fundados en que todo es puro cuento, echaron a presidio a algunos infelices que nos hicieron un bien de caridad a la gente del Somontano, despeñando a esa mala mujer.

—¿Conque no cayó casualmente ella, sino que la hicieron rodar, que quieras que no? ¡A ver, a ver! Cuénteme usted cómo pasó eso, porque debe ser curioso —añadí, mostrando toda la credulidad y el asombro suficiente, para que el buen hombre no maliciase que sólo quería distraerme un rato, oyendo sus sandeces; pues es de advertir que hasta que no me refirió los pormenores del suceso, no hice memoria de que, en efecto, yo había leído en los periódicos de provincia una cosa semejante.

El pastor, convencido por las muestras de interés con que me disponía a escuchar su relato, de que yo no era uno de esos *señores de la ciudad*, dispuesto a tratar de majaderías su historia, levantó la mano en dirección a uno de los picachos de la cumbre, y comenzó así, señalándome una de las rocas que se destacaba oscura e imponente sobre el fondo gris del cielo, que el sol, al ponerse tras las nubes, teñía de algunos cambiantes rojizos.

—¿Ve usted aquel cabezo alto, alto, que parece cortado a pico, y por entre cuyas peñas crecen las aliagas y los zarzales? Me parece que sucedió ayer. Yo estaba algunos doscientos pasos camino atrás de donde nos encontramos en este momento; próximamente sería la misma hora, cuando creí escuchar unos alaridos distantes, y llantos e imprecaciones que se entremezclaban con voces varoniles y coléricas que ya se oían por un lado, ya por otro, como de pastores que persiguen un lobo por entre los zarzales. El sol, según digo, estaba al ponerse, y por detrás de la altura se descubría un jirón del cielo, rojo y encendido como la grana, sobre el que vi aparecer alta, seca y harapasa, semejante a un esqueleto que se escapa de su fosa, envuelto aún en los jirones del sudario, una vieja horrible, en la que conocí a la tía Casca. La tía Casca era famosa en todos estos contornos, y me bastó distinguir sus greñas blancuzcas que se enredaban alrededor de su frente como culebras, sus formas extravagantes, su cuerpo encorvado y sus brazos disformes, que se destacaban angulosos y oscuros sobre el fondo de fuego del horizonte, para reconocer en ella a la bruja de Trasmoz. Al llegar ésta al borde del precipicio, se detuvo un instante sin saber qué partido tomar. Las voces de los que parecían perseguirla sonaban cada vez más cerca, y de cuando en cuando la veía hacer una contorsión, encogerse o dar un brinco para evitar los cantazos que le arrojaban. Sin duda no traía el bote de sus endiablados untos, porque, a traerlo, seguro que habría atravesado al vuelo la cortadura, dejando a sus perseguidores burlados y jadeantes como lebreles que pierden la pista. Dios no lo quiso así, permitiendo que de una vez pagara todas sus maldades...! Llegaron los mozos que venían en su seguimiento, y la cumbre se coronó de gentes, éstos con piedras en las manos, aquéllos con garrotes, los de más allá con cuchillos. Entonces comenzó una cosa horrible. La vieja, ¡maldita hipocritona! viéndose sin huida, se arrojó al suelo, se arrastró por la tierra besando los pies de los unos, abrazándose a las rodillas de los otros, implorando en su ayuda a la Virgen y a los Santos, cuyos nombres sonaban en su condenada boca como una blasfemia. Pero los mozos así hacían caso de sus lamentos como yo de la lluvia cuando estoy bajo techado. «Yo soy una pobre vieja que no he hecho daño a nadie; no tengo hijos ni parientes que me vengan a amparar; ¡perdonadme, tened compasión de mí!», aullaba la bruja; y uno de los mozos, que con la una mano la había asido de las greñas, mientras tenía en la otra la navaja que procuraba abrir con los dientes, la contestaba, rugiendo de cólera: «¡Ah, bruja del Lucifer, ya es tarde para lamentaciones, ya te conocemos todos!» «Tú hiciste un mal a mi mulo, que desde entonces no quiso probar bocado, y murió de hambre dejándome en la miseria!», decía uno. «¡Tú has hecho mal de ojo a mi hijo, y lo sacas de la cuna y lo azotas por las noches!», añadía el otro; y cada cual exclamaba por su lado: «¡Tú has echado una suerte a mi hermana! ¡Tú has ligado a mi novia! ¡Tú has emponzoñado la hierba! ¡Tú has embrujado al pueblo entero!».

»Yo permanecía inmóvil en el mismo punto en que me había sorprendido aquel clamoreo infernal, y no acertaba a mover pie ni mano, pendiente del resultado de aquella lucha.

»La voz de la tía Casca, aguda y estridente, dominaba el tumulto de todas las otras voces que se reunían para acusarla, dándole en el rostro con sus delitos, y siempre gimiendo, siempre sollozando, seguía poniendo a Dios y a los santos Patronos del lugar por testigos de su inocencia.

»Por último, viendo perdida toda esperanza, pidió como última merced que la dejasen un instante implorar del cielo, antes de morir, el perdón de sus culpas, y, de rodillas al borde de la cortadura como estaba, la vieja inclinó la cabeza, juntó las manos y comenzó a murmurar entre dientes qué sé yo qué imprecaciones ininteligibles: palabras que yo no podía oír por la distancia que me separaba de ella, pero que ni los mismos que estaban a su lado lograron entender. Unos aseguran que hablaba en latín, otros que en una lengua salvaje y desconocida, no faltando quien pudo comprender que en efecto rezaba, aunque diciendo las oraciones al revés, como es costumbre de estas malas mujeres.

En este punto se detuvo el pastor un momento, tendió a su alrededor una mirada, y prosiguió así:

—¿Siente usted este profundo silencio que reina en todo el monte, que no suena un guijarro, que no se mueve una hoja, que el aire está inmóvil y pesa sobre los hombros y parece que aplasta? ¿Ve usted esos jirones de niebla oscura que se deslizan poco a poco a lo largo de la inmensa pendiente del Moncayo, como si sus cavidades no bastaran a contenerlos? ¿Los ve usted cómo se adelantan mudos y con lentitud, como una legión aérea que se mueve por un impulso invisible? El mismo silencio de muerte había entonces, el mismo aspecto extraño y temeroso ofrecía la niebla de la tarde, arremolinada en las lejanas cumbres, todo el tiempo que duró aquella suspensión angustiosa. Yo lo confieso con toda franqueza: llegué a tener miedo. ¿Quién sabía si la bruja aprovechaba aquellos instantes para hacer uno de esos terribles conjuros que sacan a los muertos de sus sepulturas, estremecen el fondo de los abismos y traen a la superficie de la tierra, obedientes a sus imprecaciones, hasta a los más rebeldes espíritus infernales? La vieja rezaba, rezaba sin parar; los mozos permanecían en tanto inmóviles cual si estuviesen encadenados por un sortilegio, y las nieblas oscuras seguían avanzando y envolviendo las peñas, en derredor de las cuales fingían mil figuras extrañas como de monstruos deformes, cocodrilos rojos y negros, bultos colosales de mujeres envueltas en paños blancos, y listas largas de vapor que, heridas por la última luz del crepúsculo, semejaban inmensas serpientes de colores.

»Fija la mirada en aquel fantástico ejército de nubes que parecían correr al asalto de la peña sobre cuyo pico iba a morir la bruja, yo estaba esperando por instantes cuando se abrían sus senos para abortar a la diabólica multitud de espíritus malignos, comenzando una lucha horrible al borde del derrumbadero, entre los que estaban allí para hacer justicia en la bruja y los demonios que, en pago de sus muchos servicios, vinieran a ayudarla en aquel amargo trance.

—Y por fin —exclamé interrumpiendo el animado cuento de mi interlocutor, e impaciente ya por conocer el desenlace—, ¿en qué acabó todo ello? ¿Mataron a la vieja? Porque yo creo que por muchos conjuros que recitara la bruja y muchas señales que usted viese en las nubes, y en cuanto le rodeaba, los espíritus malignos se mantendrían quietecitos cada cual en su agujero, sin mezclarse para nada en las cosas de la tierra. ¿No fue así?

—Así fue en efecto. Bien porque en su turbación la bruja no acertara con la fórmula, o, lo que yo más creo, por ser viernes, día en que murió Nuestro Señor Jesucristo, y no haber acabado aún las vísperas, durante las que los malos no tienen poder alguno, ello es que, viendo que no concluía nunca con su endiablada monserga, un mozo le dijo que acabase y, levantando en alto el cuchillo, se dispuso a herirla. La vieja, entonces, tan humilde, tan hipocritona hasta aquel punto, se puso de pie con un movimiento tan rápido como el de una culebra enroscada a la que se pisa y despliega sus anillos irguiéndose llena de cólera. «¡Oh! no; ¡no quiero morir, no quiero morir! —decía—, ¡dejadme, u os morderé las manos con que me sujetáis...!» Pero aún no había pronunciado estas palabras, abalanzándose a sus perseguidores, fuera de sí, con las greñas sueltas, los ojos inyectados en sangre, y la hedionda boca entreabierta y llena de espuma, cuando la oí arrojar un alarido espantoso, llevarse por dos o tres veces las manos al costado con grande precipitación, mirárselas y volvérselas a mirar maquinalmente, y, por último, dando tres o cuatro pasos vacilantes como si estuviese borracha, la vi caer al derrumbadero. Uno de los mozos a quien la bruja hechizó una hermana, la más hermosa, la más buena del lugar, la había herido de muerte en el momento en que sintió que le clavaba en el brazo sus dientes negros y puntiagudos. Pero ¿cree usted que acabó ahí la cosa? Nada menos que eso: la vieja de Lucifer tenía siete vidas como los gatos. Cayó por un derrumbadero donde cualquiera otro a quien se le resbalase un pie no pararía hasta lo más hondo, y ella, sin embargo, tal vez porque el diablo le quitó el golpe o porque los harapos de las sayas la enredaron en los zarzales, quedó suspendida de uno de los picos que erizan la cortadura, barajándose y retorciéndose allí como un reptil colgado por la cola. ¡Dios, cómo blasfemaba! ¡Qué imprecaciones tan horribles salían de su boca! Se estremecían las carnes y se ponían de punta los cabellos sólo de oírla... Los mozos seguían desde lo alto todas sus grotescas evoluciones, esperando el instante en que se desgarraría el último jirón de la saya a que estaba sujeta, y rodaría dando tumbos, de pico en pico, hasta el fondo del barranco; pero ella con el ansia de la muerte y sin cesar de proferir, ora horribles blasfemias, ora palabras santas mezcladas de maldiciones, se enroscaba en derredor de los matorrales; sus dedos largos, huesosos y sangrientos, se agarraban como tenazas a las hendiduras de las rocas, de modo que ayudándose de las rodillas, de los dientes, de los pies y de las manos, quizá hubiese conseguido subir hasta el borde, si algunos de los que la contemplaban y que llegaron a temerlo así, no hubiesen levantado en alto una piedra gruesa, con la que le dieron tal cantazo en el pecho que piedra y bruja bajaron a la vez saltando de escalón en escalón por entre aquellas puntas calcáreas, afiladas como cuchillos, hasta dar, por último, en ese arroyo que se ve en lo más profundo del valle... Una vez allí, la bruja permaneció un largo rato inmóvil, con la cara hundida entre el légamo y el fango del arroyo que corría enrojecido con la sangre; después, poco a poco, comenzó como a volver en sí y a agitarse convulsivamente. El agua cenagosa y sangrienta saltaba en derredor batida por sus manos, que de vez en cuando se levantaban en el aire crispadas y horribles, no sé si implorando piedad, o amenazando aún en las últimas ansias... Así estuvo algún tiempo removiéndose y queriendo inútilmente sacar la cabeza fuera de la corriente buscando un poco de aire, hasta que al fin se desplomó muerta; muerta del todo, pues los que la habíamos visto caer y conocíamos de lo que es capaz una hechicera tan astuta como la tía Casca no apartamos de ella los ojos hasta que, completamente entrada la noche, la oscuridad nos impidió distinguirla, y en todo este tiempo no movió pie ni mano; de modo que si la herida y los golpes no fueron bastantes a acabarla, es seguro que se ahogó en el riachuelo cuyas aguas tantas veces había embrujado en vida para hacer morir nuestras reses. ¡Quien en mal anda, en mal acaba! exclamamos después de mirar una última vez al fondo oscuro del despeñadero; y santiguándonos santamente y pidiendo a Dios nos ayudase en todas las ocasiones, como en aquélla, contra el diablo y los suyos, emprendimos con bastante despacio la vuelta al pueblo, en cuya desvencijada torre las campanas llamaban a la oración a los vecinos devotos.

Cuando el pastor terminó su relato, llegábamos precisamente a la cumbre más cercana al pueblo, desde donde se ofreció a mi vista el castillo oscuro e imponente con su alta torre del homenaje, de la que sólo queda en pie un lienzo de muro con dos saeteras, que trasparentaban la luz y parecían los ojos de un fantasma. En aquel castillo, que tiene por cimiento la pizarra negra de que está formado el monte, y cuyas vetustas murallas, hechas de pedruscos enormes, parecen obras de titanes, es fama que las brujas de los contornos tienen sus nocturnos conciliábulos.

La noche había cerrado ya, sombría y nebulosa. La luna se dejaba ver a intervalos por entre los jirones de las nubes que volaban en derredor nuestro, rozando casi con la tierra, y las campanas de Trasmoz dejaban oír lentamente el toque de oraciones, como el final de la horrible historia que me acababan de referir.

Ahora que estoy en mi celda tranquilo, escribiendo para ustedes la relación de estas impresiones extrañas, no puedo menos de maravillarme y dolerme de que las viejas supersticiones tengan todavía tan hondas raíces entre las gentes de las aldeas, que den lugar a sucesos semejantes; pero ¿por qué no he de confesarlo?, sonándome aún las últimas palabras de aquella temerosa relación, teniendo junto a mí a aquel hombre que tan de buena fe imploraba la protección divina para llevar a cabo crímenes espantosos, viendo a mis pies el abismo negro y profundo en donde se revolvía el agua entre las tinieblas, imitando gemidos y lamentos, y en lontananza el castillo tradicional, coronado de almenas oscuras, que parecían fantasmas asomadas a los muros, sentí una impresión angustiosa, mis cabellos se erizaron involuntariamente, y la razón, dominada por la fantasía, a la que todo ayudaba, el sitio, la hora y el silencio de la noche, vaciló un punto, y casi creí que las absurdas consejas de las brujerías y los maleficios pudieran ser posibles.

Postdata. Al terminar esta carta y cuando ya me disponía a escribir el sobre, la muchacha que me sirve y que ha concluido en este instante de arreglar los trebejos de la cocina y de apagar la lumbre, armada de un enorme candil de hierro, se ha colocado junto a mi mesa a esperar, como tiene de costumbre siempre que me ve escribir de noche, que le entregue la carta que ella a su vez dará mañana al correo, el cual baja de

Añón a Tarazona al romper el día. Sabiendo que es un lugar inmediato a Trasmoz y que en este último pueblo tiene gran parte de su familia, me ha ocurrido preguntarle si conoció a la tía Casca, y si sabe alguna particularidad de sus hechizos famosos en todo el Somontano. No pueden ustedes figurarse la cara que ha puesto al oír el nombre de la bruja, ni la expresión de medrosa inquietud con que ha vuelto la vista a su alrededor, procurando iluminar con el candil los rincones oscuros de la celda, antes de responderme. Después de practicada esta operación, y con voz baja y alterada, sin contestar a mi interpelación, me ha preguntado a su vez:

—¿Sabe usted en qué día de la semana estamos?

—No, chica —la respondí—, pero ¿a qué conduce saber el día de la semana?

—Porque, si es viernes, no puedo despegar los labios sobre ese asunto. Los viernes, en memoria de que Nuestro Señor Jesucristo murió en semejante día, no pueden las brujas hacer mal a nadie; pero en cambio oyen desde su casa cuanto se dice de ellas, aunque sea al oído y en el último rincón del mundo.

—Tranquilízate por ese lado, pues a lo que yo puedo colegir de la proximidad del último domingo, todo lo más, andaremos por el martes o el miércoles.

—No es esto decir que yo le tenga miedo a la bruja, pues de los míos sólo a mi hermana la mayor, al *pequeñico* y a mi padre puede hacerles mal.

—¡Calle! ¿Y en qué consiste el privilegio?

—En que al echarnos el agua no se equivocó el cura ni dejó olvidada ninguna palabra del Credo.

—¿Y eso se lo has ido tú a preguntar al cura tal vez?

—¡Quia! No, señor; el cura no se acordaría. Se lo hemos preguntado a un cedazo.

—Que es el que debe saberlo... No me parece mal. ¿Y cómo

se entra en conversación con un cedazo? Porque eso debe ser curioso.

—Verá usted... después de las doce de la noche, pues las brujas que lo quisieran impedir no tienen poder sino desde las ocho hasta esa hora, se toma el cedazo, se hacen sobre él tres cruces con la mano izquierda, y suspendiéndole en el aire, cogido por el aro con las puntas de unas tijeras, se le pregunta. Si se ha olvidado alguna palabra del Credo, da vueltas por sí solo, y, si no, se está *quietico, quietico,* como la hoja en el árbol cuando no se mueve una paja de aire.

—Según eso, ¿tú estás completamente tranquila de que no han de embrujarte?

—Lo que es por mí, completamente; pero sin embargo, mirando por los de la casa, cuido siempre de hacer antes de dormirme una cruz en el hogar con las tenazas para que no entren por la chimenea, y tampoco se me olvida poner la escoba en la puerta con el palo en el suelo.

—¡Ah! vamos; ¿con que la escoba que encuentro algunas mañanas a la puerta de mi habitación con las palmas hacia arriba y que me ha hecho pensar que era uno de tus frecuentes olvidos, no estaba allí sin su misterio? Pero se me ocurre preguntar una cosa: si ya mataron a la bruja, y, una vez muerta, su alma no puede salir del precipicio donde por permisión divina anda penando, ¿contra quién tomas esas precauciones?

—¡Toma, toma! Mataron a una; pero como que son una familia entera y verdadera que desde hace un siglo o dos vienen heredando el unto de unas en otras, se acabó con una tía Casca; pero queda su hermana, y cuando acaben con ésta, que acabarán también, le sucederá su hija, que aún es moza, y ya dicen que tiene sus puntos de hechicera.

—Según lo que veo, ¿esa es una dinastía secular de brujas que se vienen sucediendo regularmente por la línea femenina desde los tiempos más remotos?

—Yo no sé lo que son; pero lo que puedo decirle es que acerca de estas mujeres se cuenta en el pueblo una historia muy particular que yo he oído referir algunas veces en las noches de invierno.

—Pues vaya, deja ese candil en el suelo, acerca una silla y refiéreme esa historia, que yo me parezco a los niños en mis aficiones.

—Es que esto no es cuento.

—O historia, como tú quieras —añadí por último, para tranquilizarla respecto a la entera fe con que sería acogida la relación por mi parte.

La muchacha, después de colgar el candil en un clavo, y de pie a una respetuosa distancia de la mesa, por no querer sentarse, a pesar de mis instancias, me ha referido la historia de las brujas de Trasmoz, historia original que yo a mi vez contaré a ustedes otro día, pues ahora voy a acostarme con la cabeza llena de brujas, hechicerías y conjuros, pero tranquilo, porque, al dirigirme a mi alcoba, he visto el escobón junto a la puerta haciéndome la guardia, más tieso y formal que un alabardero en día de ceremonia.

VII

Queridos amigos:

Prometí a ustedes, en mi última carta, referirles, tal como me la contaron, la maravillosa historia de las brujas de Trasmoz. Tomo, pues, la pluma para cumplir lo prometido, y va de cuento.

Desde tiempo inmemorial, es artículo de fe entre las gentes del Somontano que Trasmoz es la corte y punto de cita de las brujas más importantes de la comarca. Su castillo, como los tradicionales campos de Barahona y el valle famoso de Zugarramurdi, pertenece a la categoría de conventículo de primer orden y lugar clásico para las grandes fiestas nocturnas de las amazonas de escobón, los sapos con collareta y toda la abigarrada servidumbre del macho cabrío, su ídolo y jefe. Acerca de la fundación de este castillo, cuyas colosales ruinas, cuyas torres oscuras y dentelladas, patios sombríos y profundos fosos parecen, en efecto, digna escena de tan diabólicos personajes, se refiere una tradición muy antigua. Parece que *en tiempo de los moros*, época que para nuestros campesinos corresponde a las edades mitológicas y fabulosas de la historia, pasó el rey por las cercanías del sitio en que ahora se halla Trasmoz, y viendo con maravilla un punto como aquél, donde gracias a la altura, las rápidas pendientes y los cortes a plomo de la roca, podía el hombre, ayudado de la naturaleza, hacer un lugar fuerte e inexpugnable, de grande utilidad por encontrarse próximo a la raya fronteriza, exclamó volviéndose a los que iban en su seguimiento, y tendiendo la mano en dirección a la cumbre:

—De buena gana tendría allí un castillo.

Oyóle un pobre viejo que, apoyado en un báculo de caminante y con unas miserables alforjillas al hombro, pasaba a la sazón por el mismo sitio, y adelantándose hasta salirle al encuentro y a riesgo de ser atropellado por la comitiva real, detuvo por la brida el caballo de su señor y le dijo estas solas palabras:

—Si me le dais en alcaidía perpetua, yo me comprometo a llevaros mañana a vuestro palacio sus llaves de oro.

Rieron grandemente el rey y los suyos de la extravagante proposición del mendigo, de modo que, arrojándole una pequeña pieza de plata al suelo, a manera de limosna, contestóle el soberano con aire de zumba:

—Tomad esa moneda para que compréis unas cebollas y un pedazo de pan con que desayunaros, señor alcaide de la improvisada fortaleza de Trasmoz, y dejadnos en paz proseguir nuestro camino.

Y, esto diciendo, le apartó suavemente a un lado de la senda, tocó el ijar de su corcel con el acicate, y se alejó seguido de sus capitanes, cuyas armaduras, incrustadas de arabescos de oro, resonaban y resplandecían al compás del galope, mal ocultas, por los blancos y flotantes alquiceles.

—¿Luego me confirmáis en la alcaidía? —añadió el pobre viejo, en tanto que se bajaba para recoger la moneda, y dirigiéndose en alta voz hacia los que ya apenas se distinguían entre la nube de polvo que levantaron los caballos, un punto detenidos, al arrancar de nuevo.

—Seguramente —díjole el rey desde lejos y cuando ya iba a doblar una de las vueltas del monte—, pero con la condición de que esta noche levantarás el castillo, y mañana irás a Tarazona a entregarme las llaves.

Satisfecho el pobrete con la contestación del rey, alzó, como digo, la moneda del suelo, besóla con muestras de humildad y, después de atarla en un pico del guiñapo blancuzco que le servía de turbante, se dirigió poco a poco hacia la aldehuela de Trasmoz. Componían este lugar quince o veinte casaquillas sucias y miserables, refugio de algunos pastores que llevaban a pacer sus ganados al Moncayo. Pasito a pasito, aquí cae, allí tropieza, como el que camina agobiado del doble peso de la edad y de una larga jornada, llegó al fin nuestro hombre al pueblo, y comprando, según se lo había dicho el rey, un mendrugo de pan y tres o cuatro cebollas blancas, jugosas y relucientes, sentóse a comerlas a la orilla de un arroyo, en el cual los vecinos tenían costumbre de venir a hacer sus abluciones de la tarde, y en donde, una vez instalado, comenzó a despachar su pitanza con tanto gusto, y moviendo sus descarnadas mandíbulas, de las que pendían unas barbillas blancas y claruchas, con tal priesa que, en efecto, parecía no haberse desayunado en todo lo que iba de día, que no era poco, pues el sol comenzaba a trasmontar las cumbres.

Sentado estaba, pues, nuestro pobre viejo a la orilla del arroyo dando buena cuenta con gentil apetito de su frugal comida, cuando llegó hasta el borde del agua uno de los pastores del lugar, hizo sus acostumbradas zalemas, vuelto hacia el Oriente y, concluida esta operación, comenzó a lavarse las manos y el rostro, murmurando sus rezos de la tarde. Tras éste vinieron otros cuantos, hasta cinco o seis, y, cuando todos hubieron concluido de rezar y remojarse el cogote, llamólos el viejo y les dijo:

—Veo con gusto que sois buenos musulmanes, y que ni las ordinarias ocupaciones, ni las fatigas de vuestros ejercicios os distraen de las santas ceremonias que a sus fieles dejó encomendadas el Profeta. El verdadero creyente, tarde o temprano, alcanza el premio: unos lo recogen en la tierra, otros en el paraíso, no faltando a quienes se les da en ambas partes, y de éstos seréis vosotros.

Los pastores, que durante la arenga no habían apartado un punto sus ojos del mendigo, pues por tal le juzgaron al ver su mal pelaje y peor desayuno, se miraban entre sí, después de concluido, como no comprendiendo adónde iría a parar aquella introducción si no era a pedir una limosna; pero, con grande asombro de los circunstantes, prosiguió de este modo su discurso:

—He aquí que yo vengo de una tierra lejana a buscar servidores leales para la guarda y custodia de un famoso castillo. Yo me he sentado al borde de las fuentes que saltan sobre una taza de pórfido, a la sombra de las palmeras en las mezquitas de las grandes ciudades, y he visto unos tras otros venir muchos hombres a hacer las abluciones con sus aguas, éstos por mera limpieza, aquéllos por hacer lo mismo que todos, los más por dar el espectáculo de una piedad de fórmula. Después os he visto en estas soledades, lejos de las miradas del mundo, atentos sólo al ojo que vela sobre las acciones de los mortales, cumplir con nuestros ritos, impulsados por la conciencia de un deber, y he dicho para mí: He aquí hombres fieles a su religión; igualmente lo serán a su palabra. De hoy más no vagaréis por los montes con nieves y fríos para comer un pedazo de pan negro; en la magnífica fortaleza de que os hablo tendréis alimento abundante y vida holgada. Tú cuidarás de la atalaya, atento siempre a las señales de los corredores del campo, y pronto a encender la hoguera que brilla en las sombras, como el penacho de fuego del casco de un arcángel. Tú cuidarás del rastrillo y del puente; tú darás vuelta cada tres horas alrededor de las torres, por entre la barbacana y el muro. A ti te encargaré de las caballerizas; bajo la guarda de ése estarán los depósitos de materiales de guerra, y, por último, aquél otro correrá con los almacenes de víveres.

Los pastores, de cada vez más asombrados y suspensos, no sabían qué juicio formar del improvisado protector que la casualidad les deparaba; y, aunque su aspecto miserable no convenía del todo bien con sus generosas ofertas, no faltó alguno que le preguntase entre dudoso y crédulo:

—¿Dónde está ese castillo? Si no se halla muy lejos de estos lugares, entre cuyas peñas estamos acostumbrados a vivir, y a los que tenemos el amor que todo hombre tiene a la tierra que le vio nacer, yo, por mi parte, aceptaría con gusto tus ofrecimientos, y crco que como yo todos los que se encuentran presentes.

—Por eso no temáis, pues está bien cerca de aquí —respondió el viejo impasible—; cuando el sol se esconde por detrás de las cumbres del Moncayo, su sombra cae sobre vuestra aldea.

—¿Y cómo puede ser eso —dijo entonces el pastor—, si por aquí no hay castillo ni fortaleza alguna, y la primera sombra que envuelve nuestro lugar es la del cabezo del monte en cuya falda se ha levantado?

—Pues en ese cabezo se halla, porque allí están las piedras, y donde están las piedras está el castillo, como está la gallina en el huevo y la espiga en el grano —insistió el extraño personaje, a quien sus interlocutores, irresolutos hasta aquel punto, no dudaron en calificar de loco de remate.

—¿Y tú serás, sin duda, el gobernador de esa fortaleza famosa? —exclamó, entre las carcajadas de sus compañeros, otro de los pastores—. Porque a tal castillo tal alcaide.

—Yo lo soy —tornó a contestar el viejo, siempre con la misma calma, y mirando a sus risueños oyentes con una sonrisa particular—. ¿No os parezco digno de tan honroso cargo?

—¡Nada menos que eso! —se apresuraron a responderle—. Pero el sol ha doblado las cumbres, la sombra de vuestro castillo envuelve ya en sus pliegues nuestras pobres chozas. ¡Poderoso y temido alcaide de la invisible fortaleza de Trasmoz, si queréis pasar la noche a cubierto, os podemos ofrecer un poco de paja en el establo de nuestras ovejas; si preferís quedaros al raso, que Alá os tenga en su santa guarda, el Profeta os colme de sus beneficios, y los arcángeles de la noche velen a vuestro alrededor con sus espadas encendidas!

Acompañando estas palabras, dichas en tono de burlesca solemnidad, con profundos y humildes saludos, los pastores tomaron el camino de su pueblo, riendo a carcajadas de la original aventura. Nuestro buen hombre no se alteró, sin embargo, por tan poca cosa, sino que después de acabar con mucho despacio su merienda tomó en el hueco de la mano algunos sorbos del agua limpia y transparente del arroyo, limpióse con el revés la boca, sacudió las migajas de pan de la túnica y, echándose otra vez las alforjillas al hombro y apoyándose en su nudoso báculo, emprendió de nuevo el camino adelante, en la misma dirección que sus futuros sirvientes.

La noche comenzaba, en efecto, a entrarse fría y oscura. De pico a pico de la elevada cresta del Moncayo se extendían largas bandas de nubes color de plomo, que, arrolladas hasta aquel momento por la influencia del sol, parecían haber esperado a que se ocultase para comenzar a removerse con lentitud, como esos monstruos deformes que produce el mar y que se arrastran trabajosamente en las playas desiertas. El ancho horizonte que se descubría desde las alturas iba poco a poco palideciendo y pasando del rojo al violado por un punto, mientras, por el contrario, asomaba la luna, redonda, encendida, grande, como un escudo de batallar, y por el dilatado espacio del cielo las estrellas aparecían unas tras otras, amortiguada su luz por la del astro de la noche.

Nuestro buen viejo, que parecía conocer perfectamente el país, pues nunca vacilaba al escoger las sendas que más pronto habían de conducirle al término de su peregrinación, dejó a un lado la aldea, y siempre subiendo con bastante fatiga por entre los enormes peñascos y las espesas carrascas, que entonces como ahora cubrían la áspera pendiente del monte, llegó por último a la cumbre cuando las sombras se habían apoderado por completo de la tierra, y la luna, que se dejaba ver a intervalos por entre las oscuras nubes, se había remontado a la primera región del cielo. Cualquiera otro hombre, impresionado por la soledad del sitio, el profundo silencio de la naturaleza y el fantástico panorama de las sinuosidades del Moncayo, cuyas puntas coronadas de nieve parecían las olas de un mar inmóvil y gigantesco, hubiera temido aventurarse por entre aquellos matorrales, adonde en mitad del día apenas osaban llegar los pastores; pero el héroe de nuestra relación, que como ya habrán sospechado ustedes, y si no lo han sospechado, lo verán claro más adelante, debía ser un magicazo de tomo y lomo, no satisfecho con haber trepado a la eminencia, se encaramó en la punta de la más elevada roca, y desde aquel aéreo asiento comenzó a pasear la vista a su alrededor, con la misma firmeza que el águila, cuyo nido pende de un peñasco al borde del abismo, contempla sin temor el fondo.

Después que se hubo reposado un instante de las fatigas del camino, sacó de las alforjillas un estuche de forma particular y extraña, un librote muy carcomido y viejo, y un cabo de vela verde, corto y a medio consumir. Frotó con sus dedos descarnados y huesosos en uno de los extremos del estuche que parecía de metal, y era a modo de linterna, y, a medida que frotaba, veíase como una lumbre sin claridad, azulada, medrosa e inquieta, hasta que por último brotó una llama y se hizo luz: con aquella luz encendió el cabo de vela verde, a cuyo escaso resplandor, y no sin haberse calado antes unas disformes antiparras redondas, comenzó a hojear el libro que para mayor comodidad había puesto delante de sí sobre una de las peñas. Según que el nigromante iba pasando las hojas de libro llenas de caracteres árabes, caldeos y siriacos trazados con tinta azul, negra, roja y violada, y de figuras y signos misteriosos, murmuraba entre dientes frases ininteligibles, y, parando de cierto en cierto tiempo la lectura, repetía un estribillo singular con una especie de salmodia lúgubre, que acompañaba hiriendo la tierra con el pie y agitando la mano que le dejaba libre el cuidado de la vela, como si se dirigiese a alguna persona.

Concluida la primera parte de su mágica letanía, en la que, unos tras otros, había ido llamando por sus nombres, que yo no podré repetir, a todos los espíritus del aire y de la tierra, del fuego y de las aguas, comenzó a percibirse en derredor un ruido extraño, un rumor de alas invisibles que se agitaban a la vez, y murmullos confusos, como de muchas gentes que se hablasen al oído. En los días revueltos del otoño, y cuando las nubes, amontonadas en el horizonte, parecen amenazar con una lluvia copiosa, pasan las grullas por el cielo, formando un oscuro triángulo con un ruido semejante. Mas lo particular del caso, era que allí a nadie se veía, y aun cuando se percibiese el aleteo cada vez más próximo y el aire agitado moviera en derredor las hojas de los árboles, y el rumor de las palabras dichas en voz baja se hiciese gradualmente más distinto, todo semejaba cosa de ilusión o ensueño. Paseó el mágico la mirada en todas direcciones para contemplar a los que sólo a sus ojos parecían visibles y, satisfecho sin duda del resultado de su primera operación, volvió a la interrumpida lectura. Apenas su voz temblona, cascada y un poco nasal comenzó a dejarse oír pronunciando las enrevesadas palabras del libro, se hizo en torno un silencio tan profundo que no parecía sino que la tierra, los astros y los genios de la noche estaban pendientes de los labios del nigromante, que ora hablaba con frases dulces y de suave inflexión como quien suplica, ora con acento áspero, enérgico y breve como quien manda. Así leyó largo rato, hasta que al concluir la última hoja se produjo un murmullo en el invisible auditorio, semejante al que forman en los templos las confusas voces de los fieles cuando, acabada una oración, todos contestan amén en mil diapasones distintos. El viejo, que a medida que rezaba y rezaba aquellos diabólicos conjuros, había ido exaltándose y cobrando una energía y un vigor sobrenaturales, cerró el libro con un gran golpe, dio un soplo a la vela verde y, despojándose de las antiparras redondas, se puso de pie sobre la altísima peña donde estuvo sentado, y desde donde se dominaban las infinitas ondulaciones de la falda del Moncayo, con los valles, las rocas y los abismos que la accidentan. Allí, de pie, con la cabeza erguida y los brazos extendidos, el uno al Oriente y el otro al Occidente, alzó la voz y exclamó dirigiéndose a la infinita muchedumbre de seres invisibles y misteriosos que, encadenados a su palabra por la fuerza de los conjuros, esperaban sumisos sus órdenes:

—¡Espíritus de las aguas y de los aires, vosotros, que sabéis horadar las rocas y abatir los troncos más corpulentos, agitaos y obedecedme!

Primero suave, como cuando levanta el vuelo una banda de palomas; después más fuerte, como cuando azota el mástil de un buque una vela hecha jirones, oyóse el ruido de las alas al plegarse y desplegarse con una prontitud increíble, y aquel ruido fue creciendo, creciendo, hasta que llegó a hacerse espantoso como el de un huracán desencadenado. El agua de los torrentes próximos saltaba y se retorcía en el cauce, espumarajeando e irguiéndose como una culebra furiosa; el aire, agitado y terrible, zumbaba en los huecos de las peñas, levantaba remolinos de polvo y de hojas secas, y sacudía, inclinándolas hasta el suelo, las copas de los árboles. Nada más extraño y horrible que aquella tempestad circunscrita a un punto, mientras la luna se remontaba tranquila y silenciosa por el cielo, y las aéreas y lejanas cumbres de la cordillera parecían bañadas de un sereno y luminoso vapor. Las rocas crujían como si sus grietas se dilatasen e, impulsadas de una fuerza oculta e interior, amenazaban volar hechas mil pedazos. Los troncos más corpulentos arrojaban gemidos y chasqueaban, próximos a hendirse, como si un súbito desenvolvimiento de sus fibras fuese a rajar la endurecida corteza. Al cabo, y después de sentirse sacudido el monte por tres veces, las piedras se desencajaron y los árboles se partieron, y árboles y piedras comenzaron a saltar por los aires en furioso torbellino, cayendo semejantes a una lluvia espesa en el lugar que de antemano señaló el nigromante a sus servidores. Los colosales troncos y los inmensos témpanos de granito y pizarra oscura, que eran como arrojados al azar, caían, no obstante, unos sobre otros con admirable orden, e iban formando una cerca altísima a manera de bastión, que el agua de los torrentes, arrastrando arenas, menudas piedrecillas y cal de su alvéolo se encargaba de completar, llenando las hendiduras con una argamasa indestructible.

—La obra adelanta. ¡Ánimo! ¡ánimo! —murmuró el viejo—; aprovechemos los instantes, que la noche es corta y, pronto cantara el gallo, trompeta del día.

Y esto diciendo, se inclinó hacia el borde de una sima profunda, abierta al impulso de las convulsiones de la montaña y, como dirigiéndose a otros seres ocultos en su fondo, prosiguió:

—Espíritus de la tierra y del fuego: vosotros que conocéis los tesoros de metal de sus entrañas y circuláis por sus caminos subterráneos con los mares de lava encendida y ardiente, agitaos y cumplid mis órdenes.

Aún no había expirado el eco de la última palabra del conjuro, cuando se comenzó a oír un rumor sordo y continuo como el de un trueno lejano, rumor que asimismo fue creciendo, creciendo, hasta que se hizo semejante al que produce un escuadrón de jinetes que cruzan al galope el puente de una fortaleza, y entonces retumba el golpear del casco de los caballos, crujen los maderos, rechinan las cadenas, y resuena metálico y sonoro el choque de las armaduras, de las lanzas y los escudos. A medida que el ruido tomaba mayores proporciones veíase salir por las grietas de las rocas un resplandor vivo y brillante, como el que despide una fragua ardiendo, y de eco en eco se repetía por las concavidades del monte el fragor de millares de martillos que caían con un estrépito espantoso sobre los yunques, en donde los gnomos trabajan el hierro de las minas, fabricando puertas, rastrillos, armas y toda la ferretería indispensable para la seguridad y complemento de la futura fortaleza. Aquello era un tumulto imposible de describir; un desquiciamiento general y horroroso: por un lado, rebramaba el aire arrancando las rocas, que se hacinaban con estruendo en la cúspide del monte; por otro, mugía el torrente, mezclando sus bramidos con el crujir de los árboles que se tronchaban y el golpear incesante de los martillos, que caían alternados sobre los yunques, como llevando el compás en aquella diabólica sinfonía.

Los habitantes de la aldea, despertados de improviso por tan infernal y asordadora barahúnda, no osaban siquiera asomarse al tragaluz de sus chozas para descubrir la causa del extraño terremoto, no faltando algunos que, poseídos de terror, creyeron llegado el instante en que, próxima la destrucción del mundo, había de bajar la muerte a enseñorearse de su imperio, envuelta en el jirón de un sudario, sobre un corcel fantástico y amarillo, tal como en sus revelaciones la pinta el Profeta.

Esto se prolongó hasta momentos antes de amanecer, en que los gallos de la aldea comenzaron a sacudir las plumas y a saludar el día próximo con su canto sonoro y estridente. A esta sazón, el rey, que se volvía a su corte haciendo pequeñas jornadas, y que accidentalmente había dormido en Tarazona, bien porque de suyo fuese madrugador y despabilado, bien porque extrañase la habitación, que todo cabe en lo posible, saltaba de la cama listo como él solo, y después de poner en un pie como las grullas a su servidumbre, se dirigía a los jardines de palacio. Aún no había pasado una hora desde que vagaba al azar por el intrincado laberinto de sus alamedas, departiendo con uno de sus capitanes, todo lo amigablemente que puede departir un rey, moro por añadidura, con uno de sus súbditos, cuando llegó hasta él, cubierto de sudor y de polvo, el más ágil de los corredores de la frontera, y le dijo, previas las salutaciones de costumbre:

—Señor, hacia la parte de la raya de Castilla sucede una cosa extraordinaria. Sobre la cumbre del monte de Trasmoz, y donde ayer no se encontraban más que rocas y matorrales, hemos descubierto al amanecer un castillo tan alto, tan grande y tan fuerte como no existe ningún otro en todos vuestros estados. En un principio dudamos del testimonio de nuestros ojos, creyendo que tal vez fingía la mole la niebla arremolinada sobre las alturas; pero después ha salido el sol, la niebla se ha deshecho, y el castillo subsiste allí oscuro, amenazador y gigante, dominando los contornos con su altísima atalaya.

Oír el rey este mensaje y recordar su encuentro con el mendigo de las alforjas, todo fue una cosa misma; y reunir estas dos ideas y lanzar una mirada amenazadora e interrogante a los que estaban a su lado tampoco fue cuestión de más tiempo. Sin duda su alteza árabe sospechaba que alguno de sus emires, conocedores del diálogo del día anterior, se había permitido darle una broma, sin precedentes en los anales de la etiqueta musulmana, pues, con acento de mal disimulado enojo, exclamó jugando con el pomo de su alfanje de una manera particular, como solía hacerlo cuando estaba a punto de estallar su cólera:

—¡Pronto, mi caballo más ligero, y a Trasmoz; que juro por mis barbas y las del Profeta que si es cuento el mensaje de los corredores, donde debiera estar el castillo, he de poner una picota para los que le han inventado!

Esto dijo el rey y, minutos después, no corría, volaba camino de Trasmoz seguido de sus capitanes. Antes de llegar a lo que se llama el Somontano, que es una reunión de valles y alturas que van subiendo gradualmente hasta llegar al pie de la cordillera que domina el Moncayo, coronado de nieblas y de nubes como el gigante y colosal monarca de estos montes, hay, viniendo de Tarazona, una gran eminencia que lo oculta a la vista hasta que se llega a su cumbre. Tocaba el rey casi a la cúspide de esta altura, conocida hoy por la Ciezma, cuando, con gran asombro suyo y de los que le seguían, vio venir a su encuentro al viejecito de las alforjas, con la misma túnica raída y remendada del día anterior, el mismo turbante, hecho jirones y sucio, y el propio báculo, tosco y fuerte, en que se apoyaba, mientras él, en son de burla, después de haber oído su risible propuesta, le arrojó una moneda para que comprase pan y cebollas. Detúvose el rey delante del viejo, y éste, postrándose de hinojos y sin dar lugar a que le preguntara cosa alguna, sacó de las alforjas, envueltas en un paño de púrpura, dos llaves de oro, de labor admirable y exquisita, diciendo al mismo tiempo que las presentaba a su soberano:

—Señor, yo he cumplido ya mi palabra; a vos toca sacar airosa de su empeño la vuestra.

—Pero ¿no es fábula lo del castillo? —preguntó el rey entre receloso y suspenso, y fijando alternativamente la mirada, ya en las magníficas llaves que por su materia y su inconcebible trabajo valían de por sí un tesoro, ya en el viejecillo, a cuyo aspecto miserable se renovaba en su ánimo el deseo de socorrerle con una limosna.

—Dad algunos pasos más y le veréis —respondió el alcaide; pues, una vez cumplida su promesa y siendo la que le habían empeñado palabra de rey, que al menos en estas historias tiene fama de inquebrantable, por tal podemos considerarle desde aquel punto.

Dio algunos pasos más el soberano; llegó a lo más alto de la Ciezma, y, en efecto, el castillo de Trasmoz apareció a sus ojos, no tal como hoy se ofrecería a los de ustedes, si por acaso tuvieran la humorada de venir a verlo, sino tal como fue en lo antiguo, con sus cinco torres gigantescas, su atalaya esbelta, sus fosos profundos, sus puertas chapeadas de hierro, fortísimas y enormes, su puente levadizo y sus muros coronados de almenas puntiagudas.

Al llegar a este punto de mi carta, me apercibo de que, sin querer, he faltado a la promesa que hice en la anterior, y ratifiqué al tomar hoy la pluma para escribir a ustedes. Prometí contarles la historia de la bruja de Trasmoz, y sin saber cómo les he relatado en su lugar la del castillo. Con estos cuentos sucede lo que con las cerezas: sin pensarlo, salen unas enredadas en otras. ¿Qué le hemos de hacer? Conseja por conseja, allá va la primera que se ha enredado en el pico de la pluma: merced a ella, y teniendo presente su diabólico origen, comprenderán ustedes por qué las brujas, cuya historia quedo siempre comprometido a contarles, tienen una marcada predilección por las ruinas de este castillo y se encuentran en él como en su casa.

VIII

Queridos amigos:

En una de mis cartas anteriores dije a ustedes en qué ocasión y por quién me fue referida la estupenda historia de las brujas, que a mi vez he prometido repetirles. La muchacha que se encuentra a mi servicio, tipo perfecto del país, con su apretador verde, su saya roja y sus medias azules, había colgado el candil en un ángulo de mi habitación débilmente alumbrada, aun con este aditamento de luz, por una lamparilla, a cuyo escaso resplandor escribo. Las diez de la noche acababan de sonar en el antiguo reloj de pared, único resto del mobiliario de los frailes, y solamente se oían, con breves intervalos de silencio profundo, esos ruidos apenas perceptibles y propios de un edificio deshabitado e inmenso, que producen el aire que gime, los techos que crujen, las puertas que rechinan y los animaluchos de toda calaña que vagan a su placer por los sótanos, las bóvedas y las galerías del monasterio, cuando después de contarme la leyenda que corre más válida acerca de la fundación del castillo, y que ya conocen ustedes, prosiguió su relato, no sin haber hecho antes un momento de pausa para calmar el efecto que la primera parte de la historia me había producido, y la cantidad de fe con que podía contar en su oyente para la segunda.

He aquí la historia, poco más o menos, tal como me la refirió mi criada, aunque sin sus giros extraños y sus locuciones pintorescas y características del país, que ni yo puedo recordar, ni caso que las recordase, ustedes podrían entender.

Ya había pasado el castillo de Trasmoz a poder de los cristianos, y éstos a su vez, terminadas las continuas guerras de Aragón y Castilla, habían concluido por abandonarle, cuando es fama que hubo en el lugar un cura tan exacto en el cumplimiento de sus deberes, tan humilde con sus inferiores, y tan lleno de ardiente caridad para con los infelices que su nombre, al que iba unido una intachable reputación de virtud, llegó a hacerse conocido y venerado en todos los pueblos de la comarca.

Muchos y muy señalados beneficios debían los habitantes de Trasmoz a la inagotable bondad del buen cura, que ni para disfrutar de una canonjía con que en repetidas ocasiones le brindó el obispo de Tarazona quiso abandonarlos: pero el mayor sin duda fue el libertarlos, merced a sus santas plegarias y poderosos exorcismos, de la incómoda vecindad de las brujas, que desde los lugares más remotos del reino venían a reunirse ciertas noches del año en las ruinas del castillo, que, quizá por deber su fundación a un nigromante, miraban como cosa propia, y lugar el más aparente para sus nocturnas zambras y diabólicos conjuros. Como quiera que, antes de aquella época, muchos otros exorcistas habían intentado desalojar de allí a los espíritus infernales, y sus rezos y sus aspersiones fueron inútiles, la fama de *mosén Gil el limosnero* (que por este nombre era conocido nuestro cura) se hizo tanto más grande cuanto más difícil o imposible se juzgó hasta entonces dar cima a la empresa que él había acometido y llevado a cabo con feliz éxito, gracias a la poderosa intercesión de sus plegarias y al mérito de sus buenas obras. Su popularidad y el respeto que los campesinos le profesaban iban, pues, creciendo a medida que la edad, cortando, por decirlo así, los últimos lazos que pudieran ligarle a las cosas terrestres, acendraban sus virtudes y el generoso desprendimiento con que siempre dio a los pobres hasta lo que él había de menester para sí, de modo que, cuando el venerable sacerdote, cargado de años y de achaques, salía a dar una vueltecita por el porche de su humilde iglesia, era de ver cómo los chicuelos corrían desde lejos para venir a besarle la mano, los hombres se descubrían respetuosamente, y las mujeres llegaban a pedirle su bendición, considerándose dichosa la que podía alcanzar como reliquia y amuleto contra los maleficios un jirón de su raída sotana. Así vivía en paz y satisfecho con su suerte el bueno de mosén Gil; más como no hay felicidad completa en el mundo, y el diablo anda de continuo buscando ocasión de hacer mal a sus enemigos, éste sin duda dispuso que por muerte de una hermana menor, viuda y pobre, viniese a parar a casa del caritativo cura una sobrina que él recibió con los brazos abiertos, y a la cual consideró desde aquel punto como apoyo providencial deparado por la bondad divina para consuelo de su vejez.

Dorotea, que así se llamaba la heroína de esta verídica historia, contaba escasamente diez y ocho abriles; parecía educada en un santo temor de Dios, un poco encogida en sus modales, melosa en el hablar y humilde en presencia de extraños, como todas las sobrinas de los curas que yo he conocido hasta ahora; pero tanto como la que más, o más que ninguna, preciada del atractivo de sus ojos negros y traidores, y amiga de emperejilarse y componerse. Esta afición de los trapos, según nosotros los hombres solemos decir, tan general en las muchachas de todas las clases y de todos los siglos, y que en Dorotea predominaba exclusivamente sobre las demás aficiones, era causa continua de domésticos disturbios entre la sobrina y el tío, que contando con muy pocos recursos en su pobre curato de aldea, y siempre en la mayor estrechez a causa de su largueza para con los infelices, según él decía con una ingenuidad admirable, andaba desde que recibió las primeras órdenes procurando hacerse un manteo nuevo, y aún no había encontrado ocasión oportuna. De vez en cuando las discusiones a que daban lugar las peticiones de la sobrina solían agriarse; y ésta le echaba en cara las muchas necesidades a que estaban sujetos, y la desnudez en que ambos se veían por dar a los pobres, no sólo lo superfino, sino hasta lo necesario. Mosén Gil entonces, echando mano de los más deslumbradores argumentos de su cristiana oratoria, después de repetir que cuanto a los pobres se da a Dios se presta, acostumbraba a decirla que no se apurase por una saya de más o de menos para los cuatro días que se han de estar en este valle de lágrimas y miserias, pues mientras más sufrimientos sobrellevase con resignación, y más desnuda anduviese por amor hacia el prójimo, más pronto iría, no ya a la hoguera que se enciende los domingos en la plaza del lugar, y emperejilada con una mezquina saya de paño rojo, franjada de vellorí, sino a gozar del Paraíso eterno, danzando en torno de la lumbre inextinguible, y vestida de la gracia divina, que es el más hermoso de todos los vestidos imaginables. Pero váyale usted con estas evangélicas filosofías a una muchacha de diez y ocho años, amiga de parecer bien, aficionada a perifollos, con sus ribetes de envidiosa y con unas vecinas en la casa de enfrente, que hoy estrenan un apretador amarillo, mañana un jubón negro, y el otro una saya azul turquí con unas franjas rojas que deslumbran la vista y llaman la atención de los mozos a tres cuartos de hora de distancia.

El bueno de mosén Gil podía considerar perdido su sermón, aunque no predicase en desierto, pues Dorotea, aunque callada y no convencida, seguía mirando de mal ojo a los pobres que continuamente asediaban la puerta de su tío, y prefiriendo un buen jubón y unas agujetas azules de las que miraba suspirando, en la calle de Botigas, cuando por casualidad iba a Tarazona, a todos los adornos y galas que en un futuro, más o menos cercano, pudieran prometerle en el Paraíso en cambio de su presente resignación y desprendimiento.

En este estado las cosas, una tarde, víspera del día del santo Patrono del lugar, y mientras el cura se ocupaba en la iglesia en tenerlo todo dispuesto para la función que iba a verificarse a la mañana siguiente, Dorotea se sentó triste y pensativa a la puerta de su casa. Unas mucho, otras poco, todas las muchachas del pueblo habían traído algo de Tarazona para lucirse en el Mayo y en el baile de la hoguera, en particular sus vecinas, que sin duda, con intención de aumentar su despecho, habían tenido el cuidado de sentarse en el portal a coserse las sayas nuevas y arreglar los dijes que les habían feriado sus padres. Sólo ella, la más guapa y la más presumida también, no participaba de esa alegre agitación, esa prisa de costura, ese animado aturdimiento que preludian entre las jóvenes, así en las aldeas como en las ciudades, la aproximación de una solemnidad por largo tiempo esperada. Pero, digo mal, también Dorotea tenía aquella noche su quehacer extraordinario; mosén Gil le había dicho que amasase para el día siguiente veinte panes más que los de costumbre, a fin de distribuírselos a los pobres, después de concluida la misa.

Sentada estaba, pues, a la puerta de su casa la malhumorada sobrina del cura, barajando en su imaginación mil desagradables pensamientos, cuando acertó a pasar por la calle una vieja muy llena de jirones y de andrajos que, agobiada por el peso de la edad, caminaba apoyándose en un palito.

—Hija mía —exclamó al llegar junto a Dorotea, con un tono compungido y doliente—, ¿me quieres dar una limosnita, que Dios te lo pagará con usura en su santa gloria?

Estas palabras, tan naturales en los que imploran la caridad pública, que son como una fórmula consagrada por el tiempo y la costumbre, en aquella ocasión, y pronunciadas por aquella mujer, cuyos ojillos verdes y pequeños parecían reír con una expresión diabólica, mientras el labio articulaba su acento más plañidero y lastimoso, sonaron en el oído de Dorotea como un sarcasmo horrible, trayéndole a la memoria las magníficas promesas para más allá de la muerte con que mosén Gil solía responder a sus exigencias continuas. Su primer impulso fue echar enhoramala a la vieja; pero conteniéndose, por respetos a ser su casa la del cura del lugar, se limitó a volverle la espalda con un gesto de desagrado y mal humor bastante significativo. La vieja, a quien antes parecía complacer que no afligir esta repulsa, aproximóse más a la joven y, procurando dulcificar todo lo posible su voz de carraca destemplada, prosiguió de este modo, sonriendo siempre con sus ojillos verdosos, como sonreiría la serpiente que sedujo a Eva en el Paraíso:

—Hermosa niña, si no por el amor de Dios, por el tuyo propio, dame una limosna. Yo sirvo a un señor que no se limita a recompensar a los que hacen bien a los suyos en la otra vida, sino que les da en ésta cuanto ambicionan. Primero te pedí por el que tú conoces; ahora torno a demandarte socorro por el que yo reverencio.

—¡Bah, bah! dejadme en paz, que no estoy de humor para oír disparates —dijo Dorotea, que juzgó loca o chocheando a la haraposa vieja que le hablaba de un modo para ella incomprensible.

Y sin volver siquiera el rostro, al despedirla tan bruscamente, hizo ademán de entrarse en el interior de la casa;

pero su interlocutora, que no parecía dispuesta a ceder con tanta facilidad en su empeño, asiéndola de la saya la detuvo un instante, y tornó a decirla:

—Tú me juzgas fuera de mi juicio; pero te equivocas; te equivocas, porque no sólo sé bien lo que yo hablo, sino lo que tú piensas, como conozco igualmente la ocasión de tus pesares.

Y cual si su corazón fuese un libro y éste estuviera abierto ante sus ojos, repitió a la sobrina del cura, que no acertaba a volver en sí de su asombro, cuantas ideas habían pasado por su mente, al comparar su triste situación con la de las otras muchachas del pueblo.

—Mas no te apures —continuó la astuta arpía después de darle esta prueba de su maravillosa perspicacia—, no te apures: hay un señor tan poderoso como el de mosén Gil, y en cuyo nombre me he acercado a hablarte so pretexto de pedir una limosna; un señor que no sólo no exige sacrificios penosos de los que le sirven, sino que se esmera y complace en secundar todos sus deseos; alegre como un juglar, rico como todos los judíos de la tierra juntos, y sabio hasta el extremo de conocer los más ignorados secretos de la ciencia, en cuyo estudio se afanan los hombres. Las que le adoran viven en una continua zambra, tienen cuantas joyas y dijes desean, y poseen filtros de una virtud tal que con ellos llevan a cabo cosas sobrenaturales, se hacen obedecer de los espíritus, del sol y de la luna, de los peñascos, de los montes y de las olas del mar, e infunden el amor o el aborrecimiento en quien mejor les cuadra. Si quieres ser de los suyos, si quieres gozar de cuanto ambicionas, a muy poca costa puedes conseguirlo. Tú eres joven, tú eres hermosa, tú eres audaz, tú no has nacido para consumirte al lado de un viejo achacoso e impertinente, que al fin te dejará sola en el mundo y sumida en la miseria, merced a su caridad extravagante.

Dorotea, que al principio se prestó de mala voluntad a oír

las palabras de la vieja, fue poco a poco internándose en aquella halagüeña pintura del brillante porvenir que podía ofrecerle, y aunque sin despegar los labios, con una mirada entre crédula y dudosa, pareció preguntarle en qué consistía lo que debiera hacer para alcanzar aquello que tanto deseaba. La vieja entonces, sacando una botija verde, que traía oculta entre el harapiento delantal, le dijo:

—Mosén Gil tiene a la cabecera de su cama una pila de agua bendita de la que todas las noches, antes de acostarse, arroja algunas gotas, pronunciando una oración, por la ventana que da frente al castillo. Si sustituyes aquella agua con ésta, y después de apagado el hogar dejas las tenazas envueltas en las cenizas, yo vendré a verte por la chimenea al toque de ánimas, y el señor a quien obedezco, y que en muestra de su generosidad te envía este anillo, te dará cuanto desees.

Esto diciendo le entregó la botija, no sin haberle puesto antes en el dedo de la misma mano con que la tomara un anillo de oro, con una piedra hermosa sobre toda ponderación.

La sobrina del cura, que maquinalmente dejaba hacer a la vieja, permanecía aún irresoluta y más suspensa que convencida de sus razones; pero tanto le dijo sobre el asunto y con tan vivos colores supo pintarle el triunfo de su amor propio ajado, cuando al día siguiente, merced a la obediencia, lograse ir a la hoguera de la plaza vestida con un lujo desconocido, que al fin cedió a sus sugestiones, prometiendo obedecerla en un todo.

Pasó la tarde, llegó la noche, llegando con ella la oscuridad y las horas aparentes para los misterios y los conjuros, y ya mosén Gil, sin caer en la cuenta de la sustitución del agua con un brebaje maldito, había hecho sus inútiles aspersiones y dormía con el sueño reposado de los ángeles, cuando Dorotea, después de apagar la lumbre del hogar y poner, según fórmula, las tenazas entre las cenizas, se sentó a esperar a la bruja, pues bruja y no otra cosa podía ser la vieja miserable que disponía de joyas de tanto valor como el anillo, y visitaba a sus amigos a tales horas y entrando por la chimenea.

Los habitantes de la aldea de Trasmoz dormían asimismo como lirones, excepto algunas muchachas que velaban, cosiendo sus vestidos para el día siguiente. Las campanas de la iglesia dieron al fin el toque de ánimas, y sus golpes lentos y acompasados se perdieron dilatándose en las ráfagas del aire para ir a expirar entre las ruinas del castillo. Dorotea, que hasta aquel momento, y una vez adoptada su resolución, había conservado la firmeza y sangre fría suficientes para obedecer las órdenes de la bruja, no pudo menos de turbarse y fijar los ojos con inquietud en el cañón de la chimenea por donde había de verla aparecer de un modo tan extraordinario. Ésta no se hizo esperar mucho y, apenas se perdió el eco de la última campanada, cayó de golpe entre la ceniza en forma de gato gris, y haciendo un ruido extraño y particular de estos animalitos, cuando, con la cola levantada y el cuerpo hecho un arco, van y vienen de un lado a otro acariciándose contra nuestras piernas. Tras el gato gris cayó otro rubio, y después otro negro, más otro de los que llaman moriscos, y hasta catorce o quince de diferentes dimensiones y color, revueltos con una multitud de sapillos verdes y tripudos con un cascabel al cuello, y una a manera de casaquilla roja. Una vez juntos los gatos, comenzaron a ir y venir por la cocina, saltando de un lado a otro; éstos por los vasares, entre los pucheros y las fuentes, aquéllos por el ala de la chimenea, los de más allá revolcándose entre la ceniza y levantando una gran polvareda, mientras que los sapillos, haciendo sonar su cascabel, se ponían de pie al borde de las marmitas, daban volteretas en el aire o hacían equilibrios y dislocaciones pasmosas, como los clowns de nuestros circos ecuestres. Por último, el gato gris, que parecía el jefe de la banda, y en cuyos ojillos verdosos y fosforescentes había creído reconocer la sobrina del cura los de la vieja que le habló por la tarde, levantándose sobre las patas traseras en la silla en que se encontraba subido, le dirigió la palabra en estos términos:

—Has cumplido lo que prometiste, y aquí nos tienes a tus órdenes. Si quieres vernos en nuestra primitiva forma y que comencemos a ayudarte a fraguar las galas para las fiestas y a amasar los panes que te ha encargado tu tío, haz tres veces la señal de la cruz con la mano izquierda invocando a la trinidad de los infiernos, Belcebú, Astarot y Belial.

Dorotea, aunque temblando, hizo punto por punto lo que se le decía, y los gatos se convirtieron en otras tantas mujeres, de las cuales, unas comenzaron a cortar y otras a coser telas de mil colores, a cual más vistosos y llamativos, hilvanando y concluyendo sayas y jubones a toda prisa, en tanto que los sapillos, diseminados por aquí y por allá, con unas herramientas diminutas y brillantes, fabricaban pendientes de filigrana de oro para las orejas, anillos con piedras preciosas para los dedos, o armados de su tirapié y su lezna en miniatura, cosían unas zapatillas de tafilete, tan monas y tan bien acabadas que merecían calzar el pie de una hada. Todo era animación y movimiento en derredor de Dorotea; hasta la llama del candil que alumbraba aquella escena extravagante parecía danzar alegre en su piquera de hierro, chisporroteando, y plegando y volviendo a desplegar su abanico de luz, que se proyectaba en los muros en círculos movibles, ora oscuros, ora brillantes. Esto se prolongó hasta rayar el día: en que el bullicioso repique de las campanas de la parroquia echadas a vuelo en honor del Santo Patrono del lugar y el agudo canto de los gallos anunciaron el alba a los habitantes de la aldea. Pasó el día entre fiestas y regocijos. Mosén

Gil, sin sospechar la parte que las brujas habían tomado en su elaboración, repartió terminada la misa sus panes entre los pobres; las muchachas bailaron en las eras al son de la gaita y el tamboril, luciendo los dijes y las galas que habían traído de Tarazona, y ¡cosa particular! Dorotea, aunque al parecer fatigada de haber pasado la noche en claro amasando el pan de la limosna, con no pequeño asombro de su tío, ni se quejó de su suerte, ni hizo alto en las bandas de mozas y mozos que pasaban emperejilados por sus puertas, mientras ella permanecía aburrida y sola en su casa.

Al fin llegó la noche, que a la sobrina del cura pareció tardar más que otras veces. Mosén Gil se metió en su cama al toque de oraciones, según tenía de costumbre, y la gente joven del lugar encendió la hoguera en la plaza donde debía continuar el baile, Dorotea, entonces, aprovechando el sueño de su tío, se adornó apresuradamente con los hermosos vestidos, presente de las brujas, púsose los pendientes de filigrana de oro, cuyas piedras blancas y luminosas semejaban sobre sus frescas mejillas gotas de rocío sobre un melocotón dorado, y con sus zapatillas de tafilete y un anillo en cada dedo, se dirigió al punto en que los mozos y las mozas bailaban al son del tamboril y las vihuelas, al resplandor del fuego, cuyas lenguas rojas, coronadas de chispas de mil colores, se levantaban por cima de los tejados de las casas, arrojando a lo lejos las prolongadas sombras de las chimeneas y la torre del lugar. Figúrense ustedes el efecto que su aparición produciría. Sus rivales en hermosura, que hasta allí la habían superado en lujo, quedaron oscurecidas y arrinconadas; los hombres se disputaban el honor de alcanzar una mirada de sus ojos, y las mujeres se mordían los labios de despecho. Como le habían anunciado las brujas, el triunfo de su vanidad no podía ser más grande. Pasaron las fiestas del Santo y, aunque Dorotea tuvo buen cuidado de guardar sus joyas y sus vestidos en el fondo del arca, durante un mes no se habló en el pueblo de otro asunto.

—¡Vaya! ¡Vaya! —decían sus feligreses a mosén Gil—, tenéis a vuestra sobrina hecha un pimpollo de oro. ¡Qué lujo! ¡Quién había de creer que, después de dar lo que dais en limosnas, aún os quedaba para esos rumbos!

Pero mosén Gil, que era la bondad misma y que ni siquiera podía figurarse la verdad de lo que pasaba, creyendo que querían embromarle, aludiendo a la pobreza y la humildad en el vestir de Dorotea, impropia de la sobrina de un cura, personaje de primer orden en los pueblos, se limitaba a contestar sonriendo y como para seguir la broma:

—¿Qué queréis? Donde lo hay se luce.

Las galas de Dorotea hacían entre tanto su efecto.

Desde aquella noche en adelante no faltaron enramadas en sus ventanas, música en sus puertas y rondadores en las esquinas. Estas rondas, estos cantares y estos ramos tuvieron el fin que era natural, y a los dos meses la sobrina del cura se casaba con uno de los mozos mejor acomodados del pueblo, el cual, para que nada faltase a su triunfo, hasta la famosa noche en que se presentó en la hoguera había sido novio de una de aquellas vecinas que tanto la hicieron rabiar en otras ocasiones, sentándose a coser sus vestidos en el portal de la calle. Sólo el pobre mosén Gil perdió desde aquella época para siempre el latín de sus exorcismos y el trabajo de sus aspersiones. Las brujas, con grande asombro suyo y de sus feligreses, tornaron a aposentarse en el castillo; sobre los ganados cayeron plagas sin cuento; las jóvenes del lugar se veían atacadas de enfermedades incomprensibles; los niños eran azotados por las noches en sus cunas, y los sábados, después que la campana de la iglesia dejaba oír el toque de ánimas, unas sonando panderos, otras añafiles o castañuelas, y todas a caballo sobre sus escobas, los habitantes de Trasmoz veían pasar una banda de viejas, espesa como las grullas, que iban a celebrar sus endiablados ritos a la sombra de los muros y de la ruinosa atalaya que corona la cumbre del monte.

Después de oír esta historia, he tenido ocasión de conocer a la tía Casca, hermana de la otra Casca famosa, cuyo trágico fin he referido a ustedes, y vástago de la dinastía de brujas de Trasmoz, que comienza en la sobrina de mosén Gil y acabará no se sabe cuándo ni dónde. Por más que al decir de los revolucionarios furibundos, ha llegado la hora final de las dinastías seculares; ésta, a juzgar por el estado en que se hallan los espíritus en el país, promete prolongarse aún mucho, pues teniendo en cuenta que la que vive no será para largo en razón a su avanzada edad, ya comienza a decirse que la hija despunta en el oficio y que una nietezuela tiene indudables disposiciones: tan arraigada está entre estas gentes la creencia de que de una en otra lo viene heredando. Verdad es que, como ya creo haber dicho antes de ahora, hay aquí en todo cuanto a uno le rodea un no sé qué de agreste, misterioso y grande que impresiona profundamente el ánimo y lo predispone a creer en lo sobrenatural.

De mí puedo asegurarles que no he podido ver a la actual bruja sin sentir un estremecimiento involuntario, como si, en efecto, la colérica mirada que me lanzó observando la curiosidad impertinente con que expiaba sus acciones hubiera podido hacerme daño. La vi hace pocos días, ya muy avanzada la tarde, y por una especie de tragaluz, al que se alcanza desde un pedrusco enorme de los que sirven de cimiento y apoyo a las casas de Trasmoz. Es alta, seca, arrugada, y no lo querrán ustedes creer, pero hasta tiene sus barbillas blancuzcas y su nariz corva, de rigor en las brujas de todas las consejas.

Estaba encogida y acurrucada junto al hogar entre un

sinnúmero de trastos viejos, pucherillos, cántaros, marmitas y cacerolas de cobre, en las que la luz de la llama parecía centuplicarse con sus brillantes y fantásticos reflejos. Al calor de la lumbre hervía yo no sé qué en un cacharro, que de tiempo en tiempo removía la vieja con una cuchara. Tal vez sería un guiso de patatas para la cena; pero impresionado a su vista, y presente aún la relación que me habían hecho de sus antecesoras, no pude menos de recordar, oyendo el continuo hervidero del guiso, aquel pisto infernal, aquella horrible *cosa sin nombre* de las brujas del *Macbeth* de Shakespeare.

IX

A LA SEÑORITA DOÑA M. L. A.

APRECIABLE amiga:

Al enviarle una copia exacta, quizá la única que de ella se ha sacado hasta hoy, prometí a usted referirle la peregrina historia de la imagen, en honor de la cual un príncipe poderoso levantó el monasterio, desde una de cuyas celdas he escrito mis cartas anteriores.

Es una historia que, aunque trasmitida hasta nosotros por documentos de aquel siglo y testificada aún por la presencia de un monumento material, prodigio del arte, elevado en su conmemoración, no quisiera entregarla al frío y severo análisis de la crítica filosófica, piedra de toque, a cuya prueba se someten hoy día todas las verdades.

A esa terrible crítica, que, alentada con algunos ruidosos triunfos, comenzó negando las tradiciones gloriosas y los héroes nacionales, y ha acabado por negar hasta el carácter divino de Jesús, ¿qué concepto le podría merecer ésta, que desde luego calificaría de conseja de niños?

Yo escribo y dejo poner estas desaliñadas líneas en letras de molde, porque la mía es mala, y sólo así le será posible entenderme; por lo demás, yo las escribo para usted, para usted exclusivamente, porque sé que las delicadas flores de la tradición sólo puede tocarlas la mano de la piedad, y sólo a ésta le es dado aspirar su religioso perfume sin marchitar sus hojas.

En el valle de Veruela, y como a una media hora de distancia de su famoso monasterio, hay al fin de una larga alameda de chopos que se extiende por la falda del monte un grueso pilar de argamasa y ladrillo. En la mitad más alta de este pilar, cubierto ya de musgo merced a la continuada acción de las lluvias, y al que los años han prestado su color oscuro e indefinible, se ve una especie de nicho que en su tiempo debió contener una imagen, y, sobre el cónico chapitel que lo remata, el asta de hierro de una cruz, cuyos brazos han desaparecido. Al pie, crecen y exhalan un penetrante y campesino perfume, entre una alfombra de menudas hierbas, las aliagas espinosas y amarillas, los altos romeros de flores azules, y otra gran porción de plantas olorosas y saludables. Un arroyo de agua cristalina corre allí con un ruido apacible, medio oculto entre el espeso festón de juncos y lirios blancos que dibuja sus orillas, y, en el verano, las ramas de los chopos, agitadas por el aire que continuamente sopla de la parte del Moncayo, dan a la vez música y sombra. Llaman a este sitio *la aparecida*, porque en él aconteció, hará próximamente unos siete siglos, el suceso que dio origen a la fundación del célebre monasterio de la Orden del Císter, conocido con el nombre de Santa María de Veruela.

Refiere un antiguo códice, y es tradición constante en el país, que, después de haber renunciado a la corona que le ofrecieron los aragoneses, a poco de ocurrida la muerte de don Alonso en la desgraciada empresa de Fraga, don Pedro Atarés, uno de los más poderosos magnates de aquella época, se retiró al castillo de Borja, del que era señor, y donde en compañía de algunos de sus leales servidores, y como descanso de las continuas inquietudes, de las luchas palaciegas y del batallar de los campos, decidió pasar el resto de sus días entregado al ejercicio de la caza; ocupación favorita de aquellos rudos y valientes caballeros, que sólo hallaban gusto durante la paz en lo que tan propiamente se ha llamado simulacro e imagen de la guerra.

El valle en que está situado el monasterio, que dista tres leguas escasas de la ciudad de Borja, y la falda del Moncayo, que pertenece a Aragón, era entonces parte de su dilatado señorío; y como quiera que de los pueblecillos que ahora se ven salpicados aquí y allá por entre las quiebras del terreno no existían más que las atalayas y algunas miserables casucas, abrigo de pastores, que las tierras no se habían roturado, ni las crecientes necesidades de la población habían hecho caer al golpe del hacha los añosísimos árboles que lo cubrían, el valle de Veruela, con sus bosques de encinas y carrascas seculares, y sus intrincados laberintos de vegetación virgen y lozana, ofrecía seguro abrigo a los ciervos y jabalíes, que vagaban por aquellas soledades en número prodigioso.

Aconteció una vez que, habiendo salido el señor de Borja, rodeado de sus más hábiles ballesteros, sus pajes y sus ojeadores, a recorrer esta parte de sus dominios, en busca de la caza en que era tan abundante, sobrevino la tarde sin que, cosa verdaderamente extraordinaria, dadas las condiciones del sitio, encontrasen una sola pieza que llevar a la vuelta de la jornada como trofeo de la expedición.

Dábase a todos los diablos don Pedro Atarés, y, a pesar de su natural prudencia, juraba y perjuraba que había de colgar de una encina a los cazadores furtivos, causa, sin duda, de la incomprensible escasez de reses que por vez primera notaba en sus cotos; los perros gruñían cansados de permanecer tantas horas ociosos atados a la traílla; los ojeadores, roncos de vocear en balde, volvían a reunirse a los mohínos ballesteros, y todos se disponían a tomar la vuelta del castillo para salir de lo más espeso del carrascal, antes que la noche cerrase tan oscura y tormentosa como lo auguraban las nubes suspendidas sobre la cumbre del vecino Moncayo, cuando de repente una cierva, que parecía haber estado oyendo la conversación de los cazadores, oculta por el follaje, salió de entre las matas más cercanas, y, como burlándose de ellos, desapareció a su vista para ir a perderse entre el laberinto del monte. No era aquella seguramente la hora más a propósito para darla caza, pues la oscuridad del crepúsculo, aumentada por la sombra de las nubes que poco a poco iban entoldando el cielo, se hacía cada vez más densa; pero el señor de Borja, a quien desesperaba la idea de volverse con las manos vacías de tan lejana excursión, sin hacer alto en las observaciones de los más experimentados, dio apresuradamente la orden de arrancar en su seguimiento y, mandando a los ojeadores por un lado y a los ballesteros por otro, salió a brida suelta y seguido de sus pajes, a quienes pronto dejó rezagados en la furia de su carrera, tras la imprudente res que de aquel modo parecía haber venido a burlársele en sus barbas.

Como era de suponer, la cierva se perdió en lo más intrincado del monte, y a la media hora de correr en busca suya cada cual en una dirección diferente, así don Pedro Atarés, que se había quedado completamente solo, como los menos conocedores del terreno de su comitiva, se encontraron perdidos en la espesura. En este intervalo cerró la noche, y la tormenta, que durante toda la tarde se estuvo amasando en la cumbre del Moncayo, comenzó a descender lentamente por su falda y a tronar y a relampaguear, cruzando las llanuras como en un majestuoso paseo. Los que las han presenciado pueden sólo figurarse toda la terrible majestad de las repentinas tempestades que estallan a aquella altura, donde los truenos, repercutidos por las concavidades de las peñas, las ardientes exhalaciones atraídas por la frondosidad de los árboles y el espeso turbión de granizo congelado por las corrientes de aire frío e impetuoso, sobrecogen el ánimo hasta el punto de hacernos creer que los montes se desquician, que la tierra va a abrirse debajo de los pies, o que el cielo, que cada vez parece estar más bajo y más pesado, nos oprime como con una capa de plomo. Don Pedro Atarés, solo y perdido en aquellas inmensas soledades, conoció tarde su imprudencia, y en vano se esforzaba para reunir en torno suyo a su dispersa comitiva; el ruido de la tempestad, que cada vez se hacía mayor, ahogaba sus voces.

Ya su ánimo, siempre esforzado y valeroso, comenzaba a desfallecer ante la perspectiva de una noche eterna, perdido en aquellas soledades y expuesto al furor de los desencadenados elementos; ya su noble cabalgadura, aterrorizada y medrosa, se negaba a proseguir adelante, inmóvil y como clavada en la tierra, cuando, dirigiendo sus ojos al cielo, dejó escapar involuntariamente de sus labios una piadosa oración a la Virgen, a quien el cristiano caballero tenía costumbre de invocar en los más duros trances de la guerra, y que en más de una ocasión le había dado la victoria. La Madre de Dios oyó sus palabras, y descendió a la tierra para protegerle. Yo quisiera tener la fuerza de imaginación bastante para poderme figurar cómo fue aquello. Yo he visto pintadas por nuestros más grandes artistas algunas de esas místicas escenas; yo he visto, y usted habrá visto también a la misteriosa luz de la gótica catedral de Sevilla, uno de esos colosales lienzos en que Murillo, el pintor de las santas visiones, ha intentado fijar para pasmo de los hombres un rayo de esa diáfana atmósfera en que nadan los ángeles como en un océano de luminoso vapor; pero allí es necesaria la intensidad de las sombras en un punto del cuadro para dar mayor realce a aquel en que se entreabren las nubes como con una explosión de claridad; allí, pasada la primera impresión del momento, se ve el arte luchando con sus limitados recursos para dar idea de lo imposible.

Yo me figuro algo más, algo que no se puede decir con palabras ni traducir con sonidos o con colores. Me figuro un esplendor vivísimo que todo lo rodea, todo lo abrillanta, que, que por decirlo así, se compenetra en todos los objetos y los hace aparecer como de cristal, y en su foco ardiente lo que pudiéramos llamar la luz dentro de la luz. Me figuro cómo se iría descomponiendo el temeroso fragor de la tormenta en notas largas y suavísimas, en acordes distintos, en rumor de alas, en armonías extrañas de cítaras y salterios; me figuro ramas inmóviles, el viento suspendido y la tierra estremecida de gozo con un temblor ligerísimo al sentirse hollada otra vez por la divina planta de la Madre de su Hacedor, absorta, atónita y muda, sostenerla por un instante sobre sus hombros. Me figuro, en fin, todos los esplendores del cielo y de la tierra reunidos en un solo esplendor, todas las armonías en una sola armonía y, en mitad de aquel foco de luz y de sonidos, la celestial Señora, resplandeciendo como una llama más viva que las otras resplandecen entre las llamas de una hoguera, como dentro de nuestro sol brillaría otro sol más brillante.

Tal debió aparecer la Madre de Dios a los ojos del piadoso caballero, que, bajando de su cabalgadura y postrándose hasta tocar el suelo con la frente, no osó levantarlos mientras la celeste visión le hablaba, ordenándole que en aquel lugar erigiese un templo en honra y gloria suya.

El divino éxtasis duró cortos instantes; la luz se comenzó a debilitar como la de un astro que se eclipsa; la armonía se apagó, temblando sus notas en el aire, como el último eco de una música lejana, y don Pedro Atarés, lleno de un estupor indecible, corrió a tocar con sus labios el punto en que había puesto sus pies la Virgen. Pero ¡cuál no sería su asombro al encontrar en él una milagrosa imagen, testimonio real de aquel prodigio, prenda sagrada que, para eterna memoria de tan señalado favor, le dejaba, al desaparecer, la celestial Señora!

A esta sazón, aquellos de sus servidores que habían logrado reunirse y que después de haber encendido algunas teas recorrían el monte en todas direcciones, haciendo señales con las trompas de ojeo a fin de encontrar a su señor por entre aquellas intrincadas revueltas, donde era de temerle hubiera acontecido una desgracia, llegaron al sitio en que acababa de tener lugar la maravillosa aparición. Reunida, pues, la comitiva y conocedores todos del suceso, improvisáronse unas andas con las ramas de los árboles, y en piadosa procesión, conduciendo los caballos del diestro e iluminándola con el rojizo resplandor de las teas, llevaron consigo la milagrosa imagen hasta Borja, en cuyo histórico castillo entraron al mediar la noche.

Como puede presumirse, don Pedro Atarés no dejó pasar mucho tiempo sin realizar el deseo que había manifestado la Virgen. Merced a sus fabulosas riquezas, se allanaron todas las dificultades que parecían oponerse a su erección, y el suntuoso monasterio con su magnífica iglesia, semejante a una catedral, sus claustros imponentes y sus almenados muros, levantóse como por encanto en medio de aquellas soledades.

San Bernardo en persona vino a establecer en él la comunidad de su Regla, y a asistir a la traslación de la milagrosa imagen desde el castillo de Borja, donde había estado custodiada, hasta su magnífico templo de Veruela, a cuya solemne consagración asistieron seis prelados y estuvieron presentes muchos magnates y príncipes poderosos, amigos y deudos de su ilustre fundador don Pedro Atarés, el cual, para eterna memoria del señalado favor que había obtenido de la Virgen, mandó colocar una cruz y la copia de su divina imagen en el mismo lugar en que la había visto descender del cielo. Este lugar es el mismo de que he hablado a usted al principio de esta carta, y que todavía se conoce con el nombre de la aparecida.

Yo oí por primera vez referir la historia que a mi vez he contado al pie del humilde pilar que la recuerda, y antes de haber visto el monasterio que ocultaban aún a mis ojos las altas alamedas de árboles, entre cuyas copas se esconden sus puntiagudas torres.

Puede usted, pues, figurarse con qué mezcla de curiosidad y veneración traspasaría luego los umbrales de aquel imponente recinto, maravilla del arte cristiano, que guarda aún en su seno la misteriosa escultura, objeto de ardiente devoción por tantos siglos, y a la que nuestros antepasados, de una generación en otra, han tributado sucesivamente las honras más señaladas y grandes. Allí, día y noche, y hasta hace poco, ardían delante del altar en que se encontraba la imagen, sobre un escabel de oro, doce lámparas de plata que brillaban, meciéndose lentamente, entre las sombras del templo, como una constelación de estrellas; allí los piadosos monjes, vestidos de sus blancos hábitos, entonaban a todas horas sus alabanzas en un canto grave y solemne que se confundía con los amplios acordes del órgano; allí los hombres de armas del monasterio, mitad templo, mitad fortaleza, los pajes del poderoso abad y sus innumerables servidores la saludaban con ruidosas aclamaciones de júbilo, como a la hermosa castellana de aquel castillo, cuando, en los días clásicos, la sacaban un momento por sus patios, coronados de almenas, bajo un palio de tisú y pedrería.

Al penetrar en aquel anchuroso recinto, ahora mudo y solitario, al ver las almenas de sus altas torres caídas por el suelo, la hiedra serpenteando por las hendiduras de sus muros y las ortigas y los jaramagos que crecen en montón por todas partes, se apodera del alma una profunda sensación de involuntaria tristeza. Las enormes puertas de hierro de la torre se abren rechinando sobre sus enmohecidos goznes con un lamento agudo, siempre que un curioso viene a turbar aquel alto silencio, y dejan ver el interior de la abadía con sus calles de cipreses, su iglesia bizantina en el fondo y el severo palacio de los abades. Pero aquella otra gran puerta del templo, tan llena de símbolos incomprensibles y de esculturas extrañas, en cuyos sillares han dejado impresos los artífices de la Edad Media los signos misteriosos de su masónica hermandad; aquella gran puerta que se colgaba un tiempo de tapices y se abría de par en par en las grandes solemnidades, no volverá a abrirse, ni volverá a entrar por ella la multitud de los fieles, convocados al son de las campanas que volteaban alegres y ruidosas en la elevada torre. Para penetrar hoy en el templo es preciso cruzar nuevos patios, tan extensos, tan ruinosos y tan tristes como el primero, internarse en el claustro procesional, sombrío y húmedo como un sótano, y, dejando a un lado las tumbas en que descansan los hijos del fundador, llegar hasta un pequeño arco que apenas si en mitad del día se distingue entre las sombras eternas de aquellos medrosos pasadizos, y donde una losa negra, sin inscripción y con una espada groseramente esculpida, señala el humilde lugar en que el famoso don Pedro Atarés quiso que reposasen sus huesos.

Figúrese usted una iglesia tan grande y tan imponente como la más imponente y más grande de nuestras catedrales. En un rincón, sobre un magnífico pedestal labrado de figuras caprichosas y formando el más extraño contraste, una pequeña jofaina de loza de la más basta de Valencia hace las veces de pila para el agua bendita; de las robustas bóvedas cuelgan aún las cadenas de metal que sostuvieron las lámparas, que ya han desaparecido; en los pilares se ven las estacas y las anillas de hierro de que pendían las colgaduras de terciopelo franjado en oro, de las que sólo queda en la memoria; entre dos arcos existe todavía el hueco que ocupaba el órgano; no hay vidrios en las ojivas que dan paso a la luz; no hay altares en las capillas; el coro está hecho pedazos; el aire, que penetra sin dificultad por todas partes, gime por los ángulos del templo, y los pasos resuenan de un modo tan particular que parece que se anda por el interior de una inmensa tumba.

Allí, sobre un mezquino altar, hecho de los despedazados restos de otros altares, recogidos por alguna mano piadosa, y alumbrado por una lamparilla de cristal, con más agua que aceite, cuya luz chisporrotea próxima a extinguirse, se descubre la santa imagen, objeto de tanta veneración en otras edades, a la sombra de cuyo altar duermen el sueño de la muerte tantos próceres ilustres, a la puerta de cuyo monasterio dejó su espada como en señal de vasallaje un monarca español que, atraído por la fama de sus milagros, vino a rendirle, en época no muy remota, el tributo de sus oraciones. De tanto esplendor, de tanta grandeza, de tantos días de exaltación y de gloria, sólo queda ya un recuerdo en las antiguas crónicas del país, y una piadosa tradición entre los campesinos que de cuando en cuando atraviesan con temor los medrosos claustros del monasterio para ir a arrodillarse ante Nuestra Señora de Veruela, que, para ellos, así en la época de su grandeza como en la de su abandono, es la santa protectora de su escondido valle.

En cuanto a mí, puedo asegurar a usted que en aquel templo, abandonado y desnudo, rodeado de tumbas silenciosas, donde descansan ilustres próceres, sin descubrir, al pie del ara que la sostiene, más que las mudas e inmóviles figuras de los abades muertos, esculpidas groseramente sobre las losas sepulcrales del pavimento de la capilla, la milagrosa imagen, cuya historia conocía de antemano, me infundió más hondo respeto, me pareció más hermosa, más rodeada de una atmósfera de solemnidad y grandeza indefinibles que otras muchas que había visto antes en retablos churriguerescos, muy cargadas de joyas ridículas, muy alumbradas de luces en forma de pirámides y de estrellas, muy engalanadas con profusión de flores de papel y de trapo.

A usted, y a todo el que sienta en su alma la verdadera poesía de la Religión, creo que le sucedería lo mismo.

Cartas literarias a una mujer

Estudio de *Cartas literarias a una mujer*

En estas cartas todo es indefinición. Lo único que no es indefinición es el intento, no de definición de poesía, sino de su cerco o acoso. Ya veremos cómo y por qué. Aparecieron en el periódico *El Contemporáneo*, anónimas, aunque todo el mundo sabía que correspondían a la pluma de Gustavo Adolfo; para mayor desconcierto no aparecen en la edición de 1871, la primera editada por sus amigos, si bien más tarde se incorporarán en la segunda edición de 1877. No sabemos nada, aunque se haya especulado cuanto se quiera y se pueda especular, de la mujer que habla en ellas. Puede ser simplemente una entelequia. Los artículos, pues de eso se trata, son cuatro, otras tantas aproximaciones, o acosos, al hecho poético, que tiene, como ya veremos, cierta y concreta correlación con muchas de sus *Rimas*. Los poetas no suelen hacer crítica teórica de esa actividad, aunque hay excepciones. Como anécdota ilustrativa de lo que digo, puedo poner el ejemplo de la conferencia que iba a dar un poeta contemporáneo «Sobre la poesía», y la sala se llenó de expectación, que quedó inmediatamente defraudada cuando se nos reveló que él de lo que iba a hablar realmente era de «su poesía». El propio Bécquer cuando escribe estas cartas es consciente de sus limitaciones y, además de no poseer los conocimientos suficientes para realizar esa tarea, no le interesa lo más mínimo la erudición, al menos en este tema; con tan escaso bagaje no es de extrañar que, además en una época temprana en la que las publica (1860-1861), cuando sólo tiene veinticuatro años, estén llenas de ingenuidades o juicios prosaicos, como cuando afirma, por poner un ejemplo de la carta IV: «El amor es poesía; la religión es amor. Dos cosas semejantes a una tercera son iguales entre sí». Sí, no es lo mismo aproximarse a la poesía y a su sentido que hacer poesía, y aquí Bécquer hace poesía a ratos, pero, ante la racionalidad de explicarla, esa misma poesía a veces se le escapa de entre los conceptos, las ideas y las intenciones de clarificarla. Años después estuvo más acertado en dar noticia de ella, pero ahora sí, haciendo poesía en las *Rimas*.

Los motivos que integran el núcleo fundamental de estas cartas podemos reducirlos a tres: la mujer, el amor y la poesía. El eje de todos ellos es la poesía, con la que se identifican los dos anteriores. La pregunta básica formulada por la mujer es «¿Qué es la poesía?». Pero ahora nos movemos en el terreno de la abstracción, y lo que quiere la mujer que habla con el poeta es una respuesta clara y sencilla, y el poeta se la da: «Poesía eres tú». Es la misma respuesta de la rima XXI, pero aquí, en el poema, escueta, concisa y sin contexto explicativo, porque no lo necesita, es similar a la respuesta de aquel personaje de W. Saroyan, cuando le indicaba un niño «¿qué es un poema?», y contestaba un «árbol», si hubiera dado más explicaciones se habría perdido la poesía. Pero Bécquer en estas cartas «aclaratorias» intenta desmenuzar su sentido y así piensa que la poesía es el sentimiento y el sentimiento es la mujer. En el hombre la poesía es una cualidad del espíritu, pero en la mujer es «el verbo poético hecho carne». Dejando a un lado la referencia evangélica de esta última frase, hay que reconocer que Bécquer escamotea aquí otro motivo central de su argumento, pues la pregunta no está fuera de un contexto determinado, sino que éste se nos da simultáneamente a ella, ya que se acompaña de una descripción de la dama, en la que brilla su hermosura: «los negros rizos de tus cabellos [etc.]». Es, pues, la belleza lo que falta en esa definición, aunque está latente en cada palabra o frase: «porque esa vaga aspiración a lo bello que la caracteriza». Bécquer pudo elegir un tema más acorde seguramente con posteriores ideas respecto al ideal femenino, estilizando el sujeto, pues ya no es el de la mujer morena, ni rubia, es el de la mujer imposible expresado en la rima XI (para todo lo relativo a la mujer en Bécquer es inexcusable el libro de J. M. Díez Taboada, *La mujer ideal*, 1965), o en el breve texto «Pensamientos». Este escrito trata de la mujer esperada que nunca llega, ni siquiera cuando el poeta esté al borde de la tumba. El tema de la mujer inasible, inexistente o fantasma se dio con frecuencia antes de Bécquer. Recordemos, por poner un ejemplo, el de Chateaubriand, cuando en sus *Memorias de ultratumba* hablaba de haberse forjado en su imaginación una mujer a la que dotaba de todas las más bellas cualidades y a la que dedicaba todo su tiempo y desvelos. Bécquer, por tanto, estaba todavía en esa onda expansiva. No obstante, nuestro poeta sabía que a la mujer se la acusaba de prosaísmo, pues en ella es poesía «todo lo que piensa, pero muy poco de lo que habla». Aquí la carta termina más o menos, para volver en la segunda a recoger la idea de que el sentimiento es la poesía. Y es entonces cuando se plantea el poeta cuál es el proceso poético, si es cuando como una revelación se inunda el alma, o cuando se recuerda vivamente lo que se ha sentido, y Bécquer se inclina por esta segunda opción. Es más, atestigua lo siguiente: «Todo el mundo siente. Sólo a algunos les es dado el guardar como un tesoro la memoria viva de lo que han sentido. Yo creo que éstos son los poetas. Es más, creo que únicamente por esto lo son». Sigamos el razonamiento. Por supuesto, aunque aquí no lo diga, esa memoria es del sentimiento amoroso. Y es poeta el que rememora en cuanto que es capaz de guardar de ese sentimiento «memoria viva», es decir que no traicione el rayo de la revelación. No sé si esto guarda relación con la poesía clásica, sentimiento perfecto del alma traducido a obra perfecta del lenguaje (Petrarca, Garcilaso, Fray Luis, etc.), o si hay algo realmente nuevo en la apreciación becqueriana. Recordemos la desconfianza del poeta hacia el lenguaje: «Si tú supieras cómo las ideas más grandes se empequeñecen al encerrarse en el círculo de hierro de la palabra», «cómo un idioma grosero y mezquino [...]», etc. ¿Es posible que el poeta quiera reflejar que el poema cumple las aspiraciones del himno del alma? Evidentemente no. Y para ello no hay más que acudir a la rima I. Es algo distinto a la perfección formal del poema, por más que se busque ésta, es algo que lo vivifica. Y esto es el amor, al que dedicará la carta siguiente.

¿Qué es el amor? Así de clara y tajante empieza la nueva carta. Están los dos amantes ante un amanecer, ante «el gigante himno de alegría de la creación que despierta», y entonces pregunta ella: «¿Qué es el sol?». La respuesta del poeta es la misma que un artista daría en semejante ocasión: señalar su disco y decir «eso», similar a lo que se cuenta de Beethoven cuando, después de interpretar una obra suya al piano, una señora le preguntó que qué significaba, y él volvió al piano y la volvió a interpretar. Sea cierta o no la anécdota, sirve para ilustrar las intenciones de poeta y músico. Estamos hablando del sol, y por tanto de un fenómeno de la naturaleza que siempre ha tenido una proyección en las religiones cosmológicas, en realidad un arquetipo celeste que ha sido centro de muchas religiones antiquísimas, y que en el fondo remite a un modelo espiritual trascendente, algo así como a la imagen platónica de la Idea. Por eso, tantos escritores desde tiempos inmemoriales han realizado Cantos o Himnos al Sol, aunque Bécquer no tenía más que recordar el famoso poema de Espronceda que lo tenía muy cercano. No es, sin embargo, una cuestión puramente literaria sino propia de la historia de las religiones. Hay una comunicación telúrica con el cosmos, específicamente solar, que se considera origen de toda vida y por eso se le llega a adorar. De infructuoso podemos llamar el intento de esta carta de establecer una coordinación entre poesía y realidad. Bécquer paso a paso va deslindando aquello que se le aproxima, pero sin dar en la diana verdadera: mujer, amor, suspiros, lágrimas, anhelos, deseos... Como el mismo dice «son cortejos del amor». En la cuarta y última carta se inclina por la religión: «la religión es amor, y porque es amor es poesía». Habría que preguntarse dónde queda aquí la mujer. Pero entonces, sorprendentemente, revela una anécdota que le ocurrió en Toledo: entró en esa maravillosa iglesia de San Juan de los Reyes y se sentó en una de las piedras de su ruinoso claustro y se puso a dibujar. Estuvo así todo el día hasta que se ocultó el sol. Estaba tan solo que echó de menos a una mujer. Entonces vio levantarse a su lado de entre las sombras «una figura ideal», era una de las estatuas del claustro derruido, había varias con los ojos sin pupilas como buscando a Dios «foco eterno y ardiente». Se trata de una detallada y bellísima escena evocadora de los claustros, que nos conduce a ese «sol» trascendente que ilumina el alma. Ante la imposibilidad de definir el amor, la poesía, el sentimiento, la mujer, Bécquer opta por hacer práctico concepto artístico y olvidar ya los cercos a las ideas. Ésta sí que es la mejor respuesta que podía dar a la pregunta inicial, y ¡vaya que si la dio!, pero ahora con su pluma enardecida por su sugerente, sencilla y a la vez sublime descripción verbal.

Cartas literarias a una mujer

I

En una ocasión me preguntaste:

—¿Qué es la poesía?

¿Te acuerdas? No sé a qué propósito había yo hablado algunos momentos antes de mi pasión por ella.

—¿Qué es la poesía? —me dijiste.

Yo, que no soy muy fuerte en esto de las definiciones, te respondí titubeando:

—La poesía es... es...

Sin concluir la frase, buscaba inútilmente en mi memoria un término de comparación, que no acertaba a encontrar.

Tú habías adelantado un poco la cabeza para escuchar mejor mis palabras; los negros rizos de tus cabellos, esos cabellos que tan bien sabes dejar a su antojo sombrear tu frente, con un abandono tan artístico, pendían de tu sien y bajaban rozando tu mejilla hasta descansar en tu seno; en tus pupilas húmedas y azules como el cielo de la noche brillaba un punto de luz, y tus labios se entreabrían ligeramente al impulso de una respiración perfumada y suave.

Mis ojos, que, a efecto sin duda de la turbación que experimentaba, habían errado un instante sin fijarse en ningún sitio, se volvieron entonces instintivamente hacia los tuyos, y exclamé, al fin:

—¡La poesía... la poesía eres tú!

¿Te acuerdas? Yo aún tengo presente el gracioso ceño de curiosidad burlada, el acento mezclado de pasión y amargura con que me dijiste:

—¿Crees que mi pregunta sólo es hija de una vana curiosidad de mujer? Te equivocas. Yo deseo saber lo que es la poesía, porque deseo pensar lo que tú piensas, hablar de lo que tú hablas, sentir con lo que tú sientes; penetrar, por último, en ese misterioso santuario en donde a veces se refugia tu alma y cuyo umbral no puede traspasar la mía.

Cuando llegaba a este punto se interrumpió nuestro diálogo. Ya sabes por qué.

Algunos días han transcurrido. Ni tú ni yo lo hemos vuelto a renovar, y, sin embargo, por mi parte no he dejado de pensar en él. Tú creíste, sin duda, que la frase con que contesté a tu extraña interrogación equivalía a una evasiva galante.

¿Por qué no hablar con franqueza? En aquel momento di aquella definición porque la sentí, sin saber siquiera si decía un disparate. Después lo he pensado mejor, y no dudo al repetirlo: la poesía eres tú. ¿Te sonríes? Tanto peor para los dos.

Tu incredulidad nos va a costar: a ti, el trabajo de leer un libro, y a mí, el de componerlo.

—¡Un libro!, exclamas, palideciendo y dejando escapar de tus manos esta carta.

No te asustes. Tú lo sabes bien: un libro mío no puede ser muy largo. Erudito, sospecho que tampoco. Insulso, tal vez; mas para ti, escribiéndolo yo, presumo que no lo será, y para ti lo escribo.

Sobre la poesía no ha dicha nada casi ningún poeta; pero, en cambio, hay bastante papel emborronado por muchos que no lo son.

El que la siente se apodera de una idea, la envuelve en una forma, la arroja en el estudio del saber, y pasa. Los críticos se lanzan entonces sobre esa forma, la examinan, la disecan y creen haberla entendido cuando han hecho su análisis.

La disección podrá revelar el mecanismo del cuerpo humano; pero los fenómenos del alma, el secreto de la vida, ¿cómo se estudian en un cadáver?

No obstante, sobre la poesía se han dado reglas, se han atestado infinidad de volúmenes, se enseña en las universidades, se discute en los círculos literarios y se explica en los ateneos.

No te extrañes. Un sabio alemán ha tenido la humorada de reducir a notas y encerrar en las cinco líneas de una pauta el misterioso lenguaje de los ruiseñores. Yo, si he de decir la verdad, todavía ignoro qué es lo que voy a hacer; así es que no puedo anunciártelo anticipadamente.

Sólo te diré, para tranquilizarte, que no te inundaré en ese diluvio de términos que pudiéramos llamar facultativos, ni te citaré autores que no conozco, ni sentencias en idiomas que ninguno de los dos entendemos.

Antes de ahora te lo he dicho. Yo nada sé, nada he estudiado; he leído un poco, he sentido bastante y he pensado mucho, aunque no acertaré a decir si bien o mal. Como sólo de lo que he sentido y he pensado he de hablarte, te bastará sentir y pensar para comprenderme.

Herejías históricas, filosóficas y literarias presiento que voy a decirte muchas. No importa. Yo no pretendo enseñar a nadie, ni erigirme en autoridad, ni hacer que mi libro se me declare de texto.

Quiero hablarte un poco de literatura, siquiera no sea más que por satisfacer un capricho tuyo, quiero decirte lo que sé de una manera intuitiva, comunicarte mi opinión y tener al menos el gusto de saber que, si nos equivocamos, nos equivocamos los dos; lo cual, dicho sea de paso, para nosotros equivale a acertar.

La poesía eres tú, te he dicho, porque la poesía es el sentimiento, y el sentimiento es la mujer.

La poesía eres tú, porque esa vaga aspiración a lo bello que la caracteriza, y que es una facultad de la inteligencia en el hombre, en ti pudiera decirse que es un instinto.

La poesía eres tú, porque el sentimiento, que en nosotros es un fenómeno accidental y pasa como una ráfaga de aire, se halla tan íntimamente unido a tu organización especial que constituye una parte de ti misma.

Últimamente la poesía eres tú, porque tú eres el foco de donde parten sus rayos.

El genio verdadero tiene algunos atributos extraordinarios, que Balzac llama femeninos, y que, efectivamente, lo son. En la escala de la inteligencia del poeta hay notas que pertenecen a la de la mujer, y éstas son las que expresan la ternura, la pasión y el sentimiento. Yo no sé por qué los poetas y las mujeres no se entienden mejor entre sí. Su manera de sentir tiene tantos puntos de contacto... Quizá por eso... Pero dejemos digresiones y volvamos al asunto.

Decíamos... ¡Ah, sí, hablábamos de la poesía!

La poesía es en el hombre una cualidad puramente del espíritu; reside en su alma, vive con la vida incorpórea de la idea, y para revelarla necesita darle una forma. Por eso la escribe. En la mujer, sin embargo, la poesía está como encarnada en su ser; su aspiración, sus presentimientos, sus pasiones y su destino son poesía: vive, respira, se mueve en una indefinible atmósfera de idealismo que se desprende de ella, como un fluido luminoso y magnético; es, en una palabra, el verbo poético hecho carne.

Sin embargo, a la mujer se la acusa vulgarmente de prosaísmo. No es extraño; en la mujer es poesía casi todo lo que piensa, pero muy poco de lo que habla. La razón, yo la adivino, y tú la sabes. Quizá cuanto te he dicho lo habrás encontrado confuso y vago. Tampoco debe maravillarte. La poesía es al saber de la Humanidad lo que el amor a las otras pasiones. El amor es un misterio. Todo en él son fenómenos a cual más inexplicable; todo en él es ilógico, todo en él es vaguedad y absurdo.

La ambición, la envidia, la avaricia, todas las demás pasiones, tienen su explicación y aun su objeto, menos la que fecundiza el sentimiento y lo alimenta.

Yo, sin embargo, la comprendo; la comprendo por medio de una revelación intensa, confusa e inexplicable.

Deja esta carta, cierra tus ojos al mundo exterior que te rodea, vuélvelos a tu alma, presta atención a los confusos rumores que se elevan de ella, y acaso la comprenderás como yo.

II

En mi anterior te dije que la poesía eras tú, porque tú eres la más bella personificación del sentimiento, y el verdadero espíritu de la poesía no es otro.

A propósito de esto, la palabra amor se deslizó en mi pluma en uno de los párrafos de mi carta.

De aquel párrafo hice el último. Nada más natural. Voy a decirte el porqué.

Existe una preocupación bastante generalizada, aun entre las personas que se dedican a dar formas a lo que piensan, que, a mi modo de ver, es, sin parecerlo, una de las mayores.

Si hemos de dar crédito a los que de ella participan, es una verdad tan innegable que se puede elevar a la categoría de axioma el que nunca se vierte la idea con tanta vida y precisión como en el momento en que ésta se levanta semejante a un gas desprendido y enardece la fantasía y hace vibrar todas las fibras sensibles, cual si las tocase alguna chispa eléctrica.

Yo no niego que suceda así. Yo no niego nada; pero, por lo que a mí toca, puedo asegurarte que cuando siento no escribo. Guardo, sí, en mi cerebro escritas, como en un libro misterioso, las impresiones que han dejado en él su huella al pasar; estas ligeras y ardientes hijas de la sensación duermen allí agrupadas en el fondo de mi memoria hasta el instante en que, puro, tranquilo, sereno y revestido, por decirlo así, de un poder sobrenatural, mi espíritu las evoca, y tienden sus alas transparentes, que bullen con un zumbido extraño, y cruzan otra vez por mis ojos como en una visión luminosa y magnífica.

Entonces no siento ya con los nervios que se agitan, con el pecho que se oprime, con la parte orgánica natural que se conmueve al rudo choque de las sensaciones producidas por la pasión y los afectos; siento, sí, pero de una manera que puede llamarse artificial; escribo como el que copia de una página ya escrita; dibujo como el pintor que reproduce el paisaje que se dilata ante sus ojos y se pierde entre la bruma de los horizontes.

Todo el mundo siente. Sólo a algunos seres les es dado el guardar como un tesoro la memoria viva de lo que han sentido. Yo creo que éstos son los poetas. Es más: creo que únicamente por esto lo son.

Efectivamente, es más grande, es más hermoso, figurarse el genio ebrio de sensaciones y de inspiración, trazando a grandes rasgos, temblorosa la mano con la ira, llenos aún los ojos de lágrimas o profundamente conmovidos por la piedad esas tiradas de poesía que más tarde son la admiración del mundo; pero ¿qué quieres?, no siempre la verdad es lo más sublime.

¿Te acuerdas? No hace mucho que te lo dije a propósito de una cuestión parecida.

Cuando un poeta te pinte en magníficos versos su amor, duda. Cuando te lo dé a conocer en prosa, y mala, cree.

Hay una parte mecánica, pequeña y material en todas las obras del hombre, que la primitiva, la verdadera inspiración desdeña en sus ardientes momentos de arrebato.

Sin saber cómo, me he distraído del asunto. Como quiera que lo he hecho por darte una satisfacción, espero que tu amor propio sabrá disculparme. ¿Qué mejor intermediario que éste para con una mujer?

No te enojes. Es uno de los muchos puntos de contacto que tenéis con los poetas, o que éstos tienen con vosotras.

Sé, porque lo sé, aun cuando tú no me lo has dicho, que te quejas de mí, porque al hablar del amor detuve mi pluma y terminé mi primera carta como enojado de la tarea.

Sin duda, ¿a qué negarlo?, pensaste que esta fecunda idea se esterilizó en mi mente por falta de sentimiento. Ya te he demostrado tu error.

Al estamparla, un mundo de ideas confusas y sin nombre se elevaron en tropel en mi cerebro y pasaron volteando alrededor de mi frente, como una fantástica ronda de visiones quiméricas. Un vértigo nubló mis ojos.

¡Escribir! ¡Oh! Si yo pudiera haber escrito entonces, no me cambiaría por el primer poeta del mundo.

Mas... entonces lo pensé y ahora lo digo. Si yo siento lo que siento, para hacer lo que hago, ¿qué gigante océano de luz y de inspiración no se agitaría en la mente de esos hombres que han escrito lo que a todos nos admira?

Si tú supieras cómo las ideas más grandes se empequeñecen al encerrarse en el círculo de hierro la palabra; si tú supieras qué diáfanas, qué ligeras, qué impalpables son las gasas de oro que trotan en la imaginación al envolver esas misteriosas figuras que crea y de las que sólo acertamos a reproducir el descarnado esqueleto; si tú supieras cuán imperceptible es el hilo de luz que ata entre sí los pensamientos más absurdos que nadan en el caos: si tú supieras... Pero ¿qué digo?, tú lo sabes, tú debes saberlo.

¿No has soñado nunca? Al despertar, ¿te ha sido alguna vez posible referir, con toda su inexplicable vaguedad y poesía, lo que has soñado?

El espíritu tiene una manera de sentir y comprender especial, misteriosa, porque él es un arcano; inmensa, porque él es infinito; divina, porque su esencia es santa.

¿Cómo la palabra, cómo un idioma grosero y mezquino, insuficiente a veces para expresar las necesidades de la materia, podrá servir de digno intérprete entre dos almas?

Imposible.

Sin embargo, yo procuraré apuntar, como de pasada, algunas de las mil ideas que me agitaron durante aquel sueño magnífico, en que vi al amor, envolviendo a la Humanidad como en un fluido de fuego, pasar de un siglo en otro, sosteniendo la incomprensible atracción de los espíritus, atracción semejante a la de los astros, y revelándose al mundo exterior por medio de la poesía, único idioma que acierta a balbucear algunas de las frases de su inmenso poema.

Pero ¿lo ves? Ya quizá ni tú me entiendes ni yo sé lo que me digo. Hablemos como se habla. Procedamos con orden. ¡El orden! ¡Lo detesto, y, sin embargo, es tan preciso para todo...!

La poesía es el sentimiento; pero el sentimiento no es más que un efecto, y todos los efectos proceden de una causa más o menos conocida. ¿Cuál lo será? ¿Cuál podrá serlo de este divino arranque de entusiasmo, de esta vaga y melancólica aspiración del alma, que se traduce al lenguaje de los hombres por medio de sus más suaves armonías sino el amor?

Sí; el amor es el manantial perenne de toda poesía, el origen fecundo de todo lo grande, el principio eterno de todo lo bello; y digo el amor porque la religión, nuestra religión sobre todo, es amor también, es el amor más puro, más hermoso, el único infinito que se conoce, y sólo a estos dos astros de la inteligencia puede volverse el hombre cuando desea luz que alumbre en su camino, inspiración que fecundice su vena estéril y fatigada.

El amor es la causa del sentimiento; pero... ¿qué es el amor? Ya lo ves: el espacio me falta, el asunto es grande, y... ¿te sonríes...? ¿Crees que voy a darte una excusa fútil para interrumpir mi carta en este sitio?

No, ya no recurriré a los fenómenos del mío para disculparme de no hablar del amor. Te lo confesaré ingenuamente: tengo miedo.

Algunos días, sólo algunos, y te lo juro, te hablaré del amor, a riesgo de escribir un millón de disparates.

—¿Por qué tiemblas? —dirás sin duda—. ¿No hablan de él a cada paso gentes que ni aún lo conocen? ¿Por qué no has de hablar tú, tú que dices que lo sientes?

¡Ay! Acaso por lo mismo que ignoran lo que es se atreven a definirlo.

¿Vuelves a sonreírte...? Créeme: la vida está llena de estos absurdos.

III

¿Qué es el amor?

A pesar del tiempo transcurrido creo que debes acordarte de lo que te voy a referir. La fecha en que aconteció, aunque no la consigne la Historia, será siempre una fecha memorable para nosotros.

Nuestro conocimiento sólo databa de algunos meses; era verano y nos hallábamos en Cádiz. El rigor de la estación no nos permitía pasear sino al amanecer o durante la noche. Un día…, digo mal, no era día aún: la dudosa claridad del crepúsculo de la mañana teñía de un vago azul el cielo, la luna se desvanecía en el ocaso, envuelta en una bruma violada, y lejos, muy lejos, en la distante lontananza del mar, las nubes se coloraban de amarillo y rojo, cuando la brisa, precursora de la luz, levantándose del Océano, fresca e impregnada en el marino perfume de las olas, acarició, al pasar, nuestras frentes.

La Naturaleza comenzaba entonces a salir de su letargo con un sordo murmullo. Todo a nuestro alrededor estaba en suspenso y como aguardando una señal misteriosa para prorrumpir en el gigante himno de alegría de la creación que despierta.

Nosotros, desde lo alto de la fortísima muralla que ciñe y defiende la ciudad, y a cuyos pies se rompen las olas con un gemido, contemplábamos con avidez el solemne espectáculo que se ofrecía a nuestros ojos. Los dos guardábamos un silencio profundo, y, no obstante, los dos pensábamos una misma cosa.

Tú formulaste mi pensamiento al decirme:

¿Qué es el sol?

En aquel momento, el astro, cuyo disco comenzaba a chispear en el límite del horizonte, rompió el seno de los mares. Sus rayos se tendieron rapidísimos sobre su inmensa llanura; el cielo, las aguas y la tierra se inundaron de claridad, y todo resplandeció como si un océano de luz se hubiese volcado sobre el mundo.

En las crestas de las olas, en los ribetes de las nubes, en los muros de la ciudad, en el vapor de la mañana, sobre nuestras cabezas, a nuestros pies, en todas partes, ardía la pura lumbre del astro y flotaba una atmósfera luminosa y transparente, en la que nadaban encendidos los átomos del aire.

Tus palabras resonaban aún en mi oído.

—¿Qué es el sol? —me habías preguntado.

—Eso —respondí, señalándote su disco, que volteaba oscuro y franjado de fuego en mitad de aquella diáfana atmósfera de oro; y tu pupila y tu alma se llenaron de luz, y en la indescriptible expresión de tu rostro conocí que lo habías comprendido.

Yo ignoraba la definición científica con que pude responder a tu pregunta; pero, de todos modos, en aquel instante solemne estoy seguro de que no te hubiera satisfecho.

¡Definiciones! Sobre nada se han dado tantas como sobre las cosas indefinibles. La razón es muy sencilla: ninguna de ellas satisface, ninguna es exacta, por lo que cada cual se cree con derecho para formular la suya.

¿Qué es el amor? Con esa frase concluí mi carta de ayer, y con ella he comenzado la de hoy. Nada me sería más fácil que resolver, con el apoyo de una autoridad, esta cuestión que yo mismo me propuse al decirte que es la fuente del sentimiento. Llenos están los libros de definiciones sobre este punto. Las hay en griego y en árabe, en chino y en latín, en copto y en ruso... ¿qué sé yo?, en todas las lenguas, muertas o vivas, sabias o ignorantes, que se conocen. Yo he leído algunas y me he hecho traducir otras. Después de conocerlas casi todas, he puesto la mano sobre mi corazón, he consultado mis sentimientos y no he podido menos de repetir con Hamlet: ¡Palabras, palabras, palabras!

Por eso he creído más oportuno recordarte una escena pasada que tiene alguna analogía con nuestra situación presente, y decirte ahora como entonces:

—¿Quieres saber lo que es el amor? Recógete dentro de ti misma y, si es verdad que lo abrigas en tu alma, siéntelo y lo comprenderás, pero no me lo preguntes.

Yo sólo te podré decir que él es la suprema ley del universo; ley misteriosa por la que todo se gobierna y rige, desde el átomo inanimado hasta la criatura racional; que de él parte y a él convergen, como a un centro de irresistible atracción, todas nuestras ideas y acciones; que está, aunque oculto, en el fondo de toda cosa y efecto de una primera causa, Dios, es, a su vez, origen de esos mil pensamientos desconocidos, que todos ellos son poesía, poesía verdadera y espontánea que la mujer no sabe formular, pero que siente y comprende mejor que nosotros.

Sí. Que poesía es, y no otra cosa, esa aspiración melancólica y vaga que agita tu espíritu con el deseo de una perfección imposible.

Poesía, esas lágrimas involuntarias que tiemblan un instante en tus párpados, se desprenden en silencio, ruedan y se evaporan como un perfume.

Poesía, el gozo improviso que ilumina tus facciones con una sonrisa suave, y cuya oculta causa ignoras dónde está.

Poesía son, por último, todos esos fenómenos inexplicables que modifican el alma de la mujer cuando despierta al sentimiento y la pasión.

¡Dulces palabras que brotáis del corazón, asomáis al labio y morís sin resonar apenas, mientras que el rubor enciende las mejillas! ¡Murmullos extraños de la noche, que imitáis los pasos del amante que se espera! ¡Gemidos del viento, que fingís una voz querida que nos llama entre las sombras! ¡Imágenes confusas, que pasáis cantando una canción sin ritmo ni palabras, que sólo percibe y entiende el espíritu! ¡Febriles exaltaciones de la pasión, que dais colores y formas a las ideas más abstractas! ¡Presentimientos incomprensibles, que ilumináis como un relámpago nuestro porvenir! ¡Espacios sin límites, que os abrís ante los ojos del alma, ávida de inmensidad, y la arrastráis a vuestro seno, y la saciáis de infinito!

¡Sonrisas, lágrimas, suspiros y deseos, que formáis el misterioso cortejo del amor! ¡Vosotros sois la poesía, la verdadera poesía que puede encontrar un eco, producir una sensación o despertar una idea!

Y todo este tesoro inagotable de sentimiento, todo este animado poema de esperanzas y de abnegaciones, de sueños y de tristezas, de alegrías y lágrimas, donde cada sensación es una estrofa, y cada pasión, un canto, todo está contenido en vuestro corazón de mujer.

Un escritor francés ha dicho, juzgando a un músico ya célebre, el autor del *Tannhäuser*: «Es un hombre de talento, que hace todo lo posible por disimularlo, pero que a veces no lo puede conseguir y, a su pesar, lo demuestra».

Respecto a la poesía de vuestras almas, puede decirse lo mismo.

Pero ¡qué!, ¿frunces el ceño y arrojas la carta...? ¡Bah! No te incomodes... Sabe de una vez y para siempre que, tal como os manifestáis, yo creo, y conmigo lo creen todos, que las mujeres son la poesía del mundo.

IV

El amor es poesía; la religión es amor. Dos cosas semejantes a una tercera son iguales entre sí.

He aquí un axioma que debía ahorrarme el trabajo de escribir una nueva carta. Sin embargo, yo mismo conozco que esta conclusión matemática, que en efecto lo parece, así puede ser una verdad como un sofisma.

La lógica sabe fraguar razonamientos inatacables que, a pesar de todo, no convencen. ¡Con tanta facilidad se sacan deducciones precisas de una base falsa!

En cambio, la convicción íntima suele persuadir, aunque en el método del raciocinio reine el mayor desorden. ¡Tan irresistible es el acento de la fe!

La religión es amor y, porque es amor, es poesía.

He aquí el tema que me he propuesto desenvolver hoy.

Al tratar un asunto tan grande en tan corto espacio y con tan escasa ciencia como la de que yo dispongo, sólo me anima una esperanza. Si para persuadir basta creer, yo siento lo que escribo.

Hace ya mucho tiempo —yo no te conocía y con esto excuso el decir que aún no había amado—, sentí en mi interior un fenómeno inexplicable. Sentí, no diré un vacío, porque, sobre ser vulgar, no es ésta la frase propia; sentí en mi alma y en todo mi ser como una plenitud de vida, como un desbordamiento de actividad moral que, no encontrando objeto en qué emplearse, se elevaba en forma de ensueños y fantasías, ensueños y fantasías en los cuales buscaba en vano la expansión, estando como estaban dentro de mí mismo.

Tapa y coloca al fuego un vaso con un líquido cualquiera. El vapor, con un ronco hervidero, se desprende del fondo, y sube, y pugna por salir, y vuelve a caer deshecho en menudas gotas, y torna a elevarse, y torna a deshacerse, hasta que al cabo estalla comprimido y quiebra la cárcel que lo detiene. Éste es el secreto de la muerte prematura y misteriosa de algunas mujeres y de algunos poetas, arpas que se rompen sin que nadie haya arrancado una melodía de sus cuerdas de oro. Ésta es la verdad de la situación de mi espíritu, cuando aconteció lo que voy a referirte.

Estaba en Toledo, la ciudad sombría y melancólica por excelencia. Allí cada lugar recuerda una historia, cada piedra, un siglo, cada monumento, una civilización; historias, siglos y civilizaciones que han pasado y cuyos actores tal vez son ahora el polvo oscuro que arrastra el viento en remolinos, al silbar en sus estrechas y tortuosas calles. Sin embargo, por un contraste maravilloso, allí donde todo parece muerto, donde no se ven más que ruinas, donde sólo se tropieza con rotas columnas y destrozados capiteles, mudos sarcasmos de la loca aspiración del hombre a perpetuarse, diríase que el alma, sobrecogida de terror y sedienta de inmortalidad, busca algo eterno en donde refugiarse y, como el náufrago que se ase de una tabla, se tranquiliza al recordar su origen.

Un día entré en el antiguo convento de San Juan de los Reyes. Me senté en una de las piedras de su ruinoso claustro y me puse a dibujar. El cuadro que se ofrecía a mis ojos era magnífico. Largas hileras de pilares que sustentan una bóveda cruzada de mil y mil crestones caprichosos; anchas ojivas caladas, como los encajes de un rostrillo; ricos doseletes de granito con caireles de yedra que suben por entre las labores, como afrentando a las naturales; ligeras creaciones del cincel que parecen han de agitarse al soplo del viento; estatuas vestidas de luengos paños que flotan, como al andar; caprichos fantásticos, gnomos, hipogrifos, dragones y reptiles sin número que ya asoman por cima de un capitel, ya corren por las cornisas, se enroscan en las columnas, o trepan babeando por el tronco de las guirnaldas de trébol, galerías que se prolongan y que se pierden, árboles que inclinan sus ramas sobre una fuente, flores risueñas, pájaros bulliciosos formando contraste con las tristes ruinas y las calladas naves, y, por último, el cielo, un pedazo de cielo azul que se ve más allá de las crestas de pizarra de los miradores a través de los calados de un rosetón.

En tu álbum tienes mi dibujo; una reproducción pálida, imperfecta, ligerísima, de aquel lugar, pero que no obstante puede darte una idea de su melancólica hermosura. No ensayaré, pues, describírtela con palabras, inútiles tantas veces.

Sentado, como te dije, en una de las rotas piedras, trabajé en él toda la mañana, torné a emprender mi tarea a la tarde, y permanecí absorto en mi ocupación hasta que comenzó a faltar la luz. Entonces, dejando a un lado el lápiz y la cartera, tendí una mirada por el fondo de las solitarias galerías y me abandoné a mis pensamientos.

El sol había desaparecido. Sólo turbaban el alto silencio de aquellas ruinas el monótono rumor del agua de la fuente, el trémulo murmullo del viento que suspiraba en los claustros, y el temeroso y confuso rumor de las hojas de los árboles que parecían hablar entre sí en voz baja.

Mis deseos comenzaron a hervir y a levantarse en vapor de fantasías. Busqué a mi lado una mujer, una persona a quien comunicar mis sensaciones. Estaba solo. Entonces me acordé de esta verdad que había leído en no sé qué autor: «La soledad es muy hermosa..., cuando se tiene junto a alguien a quien decírselo».

No había aún concluido de repetir esta frase célebre, cuando me pareció ver levantarse a mi lado y de entre las sombras una figura ideal, cubierta con una túnica flotante y ceñida la frente de una aureola. Era una de las estatuas del claustro derruido, una escultura que, arrancada de su pedestal y arrimada al muro en que me había recostado, yacía allí, cubierta de polvo y medio escondida entre el follaje, junto a la rota losa de un sepulcro y el capitel de una columna. Más allá, a lo lejos y veladas por las penumbras y la oscuridad de las extensas bóvedas, se distinguían confusamente algunas otras imágenes: vírgenes con sus palmas y sus nimbos, monjes con sus báculos y sus capuchas, eremitas con sus libros y sus cruces, mártires con sus emblemas y sus aureolas, toda una generación de granito, silenciosa e inmóvil, pero en cuyos rostros había grabado el cincel la huella del ascetismo y una expresión de beatitud y serenidad inefables.

He aquí, exclamé, un mundo de piedra: fantasmas inanimados de otros seres que han existido y cuya memoria legó a las épocas venideras un siglo de entusiasmo y de fe. Vírgenes solitarias, austeros cenobitas, mártires esforzados que, como yo, vivieron sin amores ni placeres; que, como yo, arrastraron una existencia oscura y miserable, solos con sus pensamientos y el ardiente corazón inerte bajo el sayal, como un cadáver en su sepulcro. Volví a fijarme en aquellas facciones angulosas y expresivas; volví a examinar aquellas figuras secas, altas, espirituales y serenas, y proseguí diciendo: «¿Es posible que hayáis vivido sin pasiones, ni temor, ni esperanzas, ni deseos? ¿Quién ha recogido las emanaciones de amor que, como un aroma, se desprenderían de vuestras almas? ¿Quién ha saciado la sed de ternura que abrasaría vuestros pechos en la juventud? ¿Qué espacios sin límites se abrieron a los ojos de vuestros espíritus, ávidos de inmensidad, al despertarse al sentimiento...?».

La noche había cerrado poco a poco. A la dudosa claridad del crepúsculo había sustituido una luz tibia y azul; la luz de la luna que, velada un instante por los oscuros chapiteles de la torre, bañó en aquel momento con un rayo plateado los pilares de la desierta galería.

Entonces reparé que todas aquellas figuras, cuyas largas sombras se proyectaban en los muros y en el pavimento, cuyas flotantes ropas parecían moverse, en cuyas demacradas facciones brillaba una expresión de indescriptible, santo y sereno gozo, tenían sus pupilas sin luz, vueltas al cielo, como si el escultor quisiera semejar que sus miradas se perdían en el infinito buscando a Dios.

A Dios, foco eterno y ardiente de hermosura, al que se vuelve con los ojos, como a un polo de amor, el sentimiento de la tierra.

El Contemporáneo,
23 de abril de 1861

Bibliografía seleccionada sobre
Desde mi celda y las *Cartas literarias a una mujer* de Gustavo Adolfo Bécquer

Ediciones

BÉCQUER, Gustavo Adolfo, *Obras*, Madrid, Fortanet, 1871, 2 vols., prólogo de Ramón Rodríguez Correa. *Desde mi celda* se incluye en el vol. II, pp. 1-132, 1.ª ed. 2.ª ed., Madrid, Fernando Fe, 1877, 2 vols.

—, *Obras completas*, Madrid, Aguilar, 1934, 13.ª ed., 1973.

—, *Páginas abandonadas. Del olvido en el ángulo oscuro...*, ensayo biocrítico, apéndices y notas por Dionisio Gamallo Fierros, Madrid, Ed. Valera, 1948.

—, *Obras*. Edición e introducción de Cristóbal Cuevas y Salvador Montesa, Málaga, Arguval, 1993. (Reproduce en un solo tomo la edición de Fortanet de 1871.)

—, *Obras completas*, Edición de R. Navas Ruiz, Madrid, Biblioteca Castro, 1995, 2 vols.

—, *Rimas, Otros poemas, Obras en prosa*, introducción, edición y notas por Leonardo Romero Tobar, Madrid, Espasa, 2000.

—, *Desde mi celda*, edición, introducción y notas de Darío Villanueva, Madrid, Castalia, 1985.

—, *Desde mi celda*, edición, introducción y notas de Jesús Rubio Jiménez, Madrid, Cátedra, 2002.

Estudios

BALBÍN LUCAS, Rafael de, *Poética becqueriana*, Madrid, Prensa Española, 1969.

BENÍTEZ, Rubén, *Bécquer tradicionalista*, Madrid, Gredos, 1970.

BERENGUER CARISOMO, Arturo, *La prosa de Bécquer*, Buenos Aires, 1949; reed., Sevilla, 1974.

BROWN, Rica, *Bécquer. Premio de Biografía Aedos. Gustavo Adolfo Bécquer en dos tiempos*. Prólogo de Vicente Aleixandre, Barcelona, Aedos, 1963.

DÍEZ TABOADA, Juan María, *La mujer ideal. Aspectos y fuentes de las «Rimas»*, Madrid, C. S. I. C., 1965.

—, «La significación de la Carta III *Desde mi celda* en la Poética becqueriana», Actas del Congreso «Los Bécquer y el Moncayo» celebrado en Tarazona y Veruela, septiembre, 1990, ed. de Jesús Rubio Tovar, Diputación de Zaragoza, 1992, pp. 135-168.

—, «El motivo de las *campanillas azules* en la obra de G. A. Bécquer», en Studia Hispanica in honorem R. Lapesa, tomo III, Madrid, Gredos, 1975, pp. 241-253.

GIL, Ildefonso-Manuel, «Los espacios misteriosos de Gustavo Adolfo Bécquer», RFE, Madrid, C. S. I. C., 1969, LII, pp. 119-29.

MARTÍNEZ RUIZ, Juan, «Bécquer y el costumbrismo español», *Revista de Dialectología y Tradiciones Populares*, 36, 1970, pp. 65-91.

MONTESINOS, Rafael, *Bécquer. Biografía e imagen*, Barcelona, RM, 1977.

—, «La semana pasada murió Bécquer», Madrid, El Museo Universal, 1992.

REQUENA HIDALGO, Cora, *La mujer a la moda*, *Bécquer periodista*, edición de María del Pilar Palomo y Concepción Núñez Rey, Madrid, FUE, 2016, pp. 269-288.

ROMERO TOVAR, Leonardo, «Cartas literarias a una mujer», en *Bécquer periodista*, Edición de María del Pilar Palomo y Concepción Núñez Rey, Madrid, FUE, 2016, pp. 53-68.

RUBIO JIMÉNEZ, Jesús, «*Desde mi celda*: un singular reportaje periodístico», en *Bécquer periodista*, edición de María del Pilar Palomo y Concepción Núñez Rey, Madrid, FUE, 2016, pp. 69-108.

RULL FERNÁNDEZ, Enrique, «Estructura poética de las *Cartas desde mi celda*», «Bécquer, origen y estética de la modernidad», «Actas del VII Congreso de Literatura Española Contemporánea, Universidad de Málaga, 9, 10, 11 y 12 de noviembre de 1993», Málaga, 1995, Publicaciones del Congreso de Literatura Española Contemporánea, pp. 251-264.

—, *Rimas y Leyendas*, edición, estudio y notas, Barcelona, Penguin Clásicos, 2016.

SUÁREZ MIRAMÓN, Ana, «Bécquer en el espíritu de la Castilla azoriniana», *El Gnomo*, 1995, vol. 4, pp. 101-109.

VARELA, José Luis, «Mundo onírico y transfiguración en la prosa de Bécquer», en RFE, 1969, LII, pp. 305-334.

—, *La transfiguración literaria*, Madrid, Prensa Española, 1970, pp. 147-194.

Textos afines

Nota sobre los textos afines

En Gustavo Adolfo Bécquer se puede hablar tanto de inter-
textualidad como de reiteración de temas, que pasan tanto en
prosa como en verso, con una fluidez notable, a engrosar su
estilo literario, de una espesa red de motivos, ideas y expresiones en la que nos podemos encontrar tal o cual elemento
en un texto que ya conocíamos en otro diferente. Especialmente ocurre esto en algunos trabajos de índole periodística
que aquí queremos reproducir. De los aquí publicados nos
parece el más destacable, por sus concomitancias con *Desde
mi celda*, el poco reproducido y comentado de *Caso de ablativo*. Es un precioso texto sobre un viaje en tren de Madrid a
San Sebastián para la inauguración de esa línea de larga distancia, y está lleno de observaciones y detalles de los lugares
que evoca el viaje y de pequeñas anécdotas personales de
gran interés. Preferido y destacado por el gran becquerianis-
ta Dionisio Gamallo Fierros (1948), no nos resistimos a trasladar alguna de sus frases, que siempre serán tan entusias-
tas o más que las nuestras, y mejor escritas: «He aquí una
verdadera joya del tesoro ideológico y verbal becqueriano,
un texto primoroso y hasta trascendente», «Os invito a que
os coloquéis sobre la alfombra mágica del relato dejándoos
guiar por su verbo brujo —de lírico y poeta— a través del

encanto de España», «¡Qué rítmica prosa la de este texto olvidado, qué seductor estilo, qué profundidad observadora!» (pp. 396-397). Poco más se puede decir.

Otro texto relevante es el de *Pensamientos*. Es un texto muy breve que remite a la experiencia contemplativa del autor y que se dirige a sus escritos poéticos y también a las cartas en donde se reproduce la espera de la mujer ideal hasta el fin de la vida. En el fondo responde a la vivencia del «eterno femenino» goethiano, pero desde un lado trágico. La espera es la muerte.

La mujer a la moda podría parecer un texto de contenido liviano, pero no es así, sino que es un texto terrible que pone de relieve dos tipos de mujer: la triunfante mundana frente a la que, despechada, llora en su interior la derrota y humillación viendo cómo su rival se lleva, como agavillados y uncidos, a sus antiguos adoradores. Aparte de dar unas maravillosas pinceladas costumbristas, su contenido moral es evidente cuando propone que no se envidie a estas mujeres porque sus desvelos para ser lo que son se pagan con muchos sinsabores. Es otra cara de la mujer becqueriana, más mundana, pero que también tiene relación con otros textos en prosa y verso.

Finalmente, *La mujer de piedra* en una leyenda inacabada que enlaza con los ambientes y temas de claustros e imágenes religiosas de templos cristianos por los que Bécquer sentía auténtica obsesión, y que enlazan con algunos aspectos de sus propias *Rimas* y de otros textos en prosa, y sobre todo de su ambicioso proyecto *Historia de los templos de España*, pero principalmente da una idea del Bécquer estremecedoramente visionario de la *Leyendas* y de algunas cartas *Desde mi celda*. Apareció en el manuscrito llamado *Libro de los gorriones*.

Caso de ablativo
(en con, por, sin, de, sobre la inauguración de la línea completa del ferrocarril del norte de España)

QUERIDOS amigos:

Por huir de Scila he dado en Caribdis; por abandonar la corte, donde el calor comenzaba a sofocarme, he contraído el compromiso de escribir a ustedes algo sobre la inauguración, y en este momento en que con las cuartillas delante vuelvo y revuelvo la ociosa pluma entre las manos, la mojo en el tintero, se seca, y la torno a mojar sin saber por dónde dar principio a la relación de los sucesos, no sé qué es peor, si hallarse descansado y libre de inquietudes, aunque sea a una temperatura de treinta grados de Réaumur, o aspirando esta deliciosa brisa del mar que viene a acariciar el rostro después de haber mojado sus alas en el océano, pero atado por la conciencia del deber a una silla, frente a una mesa, donde el papel parece mofarse de nuestra esterilidad y nuestra impotencia con su insultante y deslumbradora blancura.

Después de diecisiete horas de ferrocarril, después de haber visto desfilar como un interminable panorama cien pueblos y ciudades distintas, oyendo incesantemente como el acompañamiento de una canción que nunca se acaba el férreo y asordecedor estruendo de la locomotora, después de un día de agitación y bulla, de fluctuar arrastrado por la muchedumbre, de acá para allá, en una ciudad nueva donde todo impresiona, envuelto en esa nube de ruidos, de objetos y de colores que, combinándose entre sí de mil maneras diversas, acaban por aturdir la vista y embotar la imaginación; de escuchar por aquí el clamoreo de las turbas, por allá el estampido de los cañones, los ecos de las músicas, la aérea armonía de las campanas, y ver las banderolas que se agitan, las armas que lanzan chispas de luz, los carruajes y jinetes que cruzan en todas direcciones, un pueblo entero, en fin, que todo él a un tiempo se mueve y hace ruido, y va y viene lleno de ese entusiasmo expansivo y alborotador que acaba por hacerse contagioso y comunicar su vertiginosa alegría al más impasible; después de una noche y un día semejantes, figúrense ustedes qué cuerpo y qué espíritu tendré para coger la pluma y bosquejar ese cuadro de contornos tan difíciles de fijar que la fotografía instantánea apenas podría sorprender un momento para reproducirlo con toda su animación y su vida.

Yo quisiera enviar a ustedes una relación circunstanciada de cuanto ha sucedido, hasta el punto que no perdonaría el más insignificante detalle. Apuntaría uno por uno los pueblos y las estaciones por donde hemos pasado, haría la cuenta minuciosa de los puentes, las cortaduras y los túneles que hay en el trayecto de la vía desde Madrid a San Sebastián, no olvidando tampoco el nombre y las circunstancias personales de todos y cada uno de los invitados a las fiestas, con expresión del lugar que ocupó cada cual, si se movió o mantuvo quieto, si habló y lo que dijo, los platos que se sirvieron en el banquete, los cañonazos con que saludó al tren real el castillo de la Mota, el número de flámulas, escudos, guirnaldas y banderolas que adornaban las estaciones de Vitoria, Tolosa y San Sebastián, cuál era la forma de las tribunas y la materia de sus adornos, como igualmente las proporciones de la tienda en que tuvo lugar la comida y su decoración interior, y todo esto con las horas, las medidas y los números justificantes de mi escrupulosa relación; pero ni creo que esto sea posible, ni aun dado caso que hubiese podido adquirir tantos datos y hecho tantas observaciones, tendría tiempo de coordinarlas con la amplitud y el orden debidos. En este apuro sólo me ocurre una cosa: en la cartera de viaje y escritas con lápiz, tengo unas cuantas notas hechas en el camino, descosidas, incorrectas, casi sin ilación, como tomadas al escape para fijar las impresiones del momento, pero que, si juntas no forman un artículo con sus requisitos de plan, de gradación y enlace, darán seguramente una idea más aproximada que cualquiera otro género de trabajo de la rapidez con que los objetos y los pensamientos que éstos engendraban herían los ojos y la imaginación.

¿No creen ustedes que sería más barato para ustedes y para mí que las enviase tal como están escritas, dado caso que pueda descifrarlas? En la duda de lo que ustedes contestarán doy hecho que les parece bien lo que más me conviene, y procedo a transcribirlas.

He aquí la traducción más aproximada de los jeroglíficos de mi cartera.

Salida de Madrid

Son las cinco de la tarde y en este momento arranca el tren. En los andenes he visto a una porción de gente conocida y he estrechado la mano de algunos amigos. No sé aún quiénes son todos los que vienen con nosotros. Me ha parecido divisar a lo lejos a varios personajes importantes en el mundo de la política, la banca, las artes y la literatura. Si damos una voltereta en el camino o se le viene al tren encima la bóveda de un túnel, dejamos a España en cruz y en cuadro respecto a grandes hombres. Sería una fatalidad para España y para nosotros. Después de escrita esta última palabra reparo que, sin pensar, me he incluido en el número de las notabilidades. Cada vez me voy convenciendo más de que, a pesar de lo que se haga y se diga en público, la modestia no es una virtud privada. No sé si borrar la frase. ¡Bah! La dejaremos como está escrita. «Dime con quién andas, te diré quién eres», dice el adagio. Pues voy con ellos, ¿por qué me he de negar en el secreto de la cartera la satisfacción de asociar mi nombre al de tanta eminencia?

Media hora después

La poco agradable temperatura de Madrid quiere darnos la despedida antes que salgamos del término de su jurisdicción. ¡Hace un calor insufrible! Sudo sin moverme. A un lado y a otro de la vía se descubre por todo horizonte una faja de terreno árido y parduzco, con algún que otro arbolillo raquítico y tortuoso. Por las ventanillas del coche, que están abiertas, entran, amén del humo de rigor, un verdadero simoun de polvo y arena. Se me han saltado las lágrimas. No de sentimiento porque abandono Madrid, sino porque, al asomarme para ver cómo se esconde en las ondulaciones del terreno el más alto de sus edificios, me ha entrado una partícula de carbón en los ojos.

El Escorial

Poco a poco el terreno cambia de aspecto y se hacen más caprichosas las líneas de sus accidentes. Ya esto vale la pena de asomarse a verlo. Aquí se descubre una ladera erizada de enormes pedruscos que parecen hacinados unos sobre otros por la mano de los titanes. Más lejos, una cadena de montañas que se van degradando y perdiendo en la luminosa atmósfera del horizonte, entre cuyas encendidas nubes asoma por intervalos un rayo de sol próximo a desaparecer. He allí El Escorial, con su atrevido cimborrio, sus torres cuadradas y macizas y sus extensas alas de construcción uniforme e imponente. ¡El Escorial, que parece grande aun comparado con la inmensa mole de granito a cuyo pie se descubre! Un mar de verdura compacta y sombría presta su color melancólico y severo al paisaje. La soledad y la naturaleza hablan aquí al alma con su misterioso lenguaje y la llenan de sus extrañas armonías. Si en efecto buscaba un retiro adonde no llegase ni el rumor del mundo, el rey prudente dio una gran prueba de serlo, eligiendo este lugar para erigir en él el inmenso panteón donde dejó esculpidos en piedra su genio, su carácter y el espíritu de su época. Aquí se ha mantenido oculto entre los pliegues de la montaña hasta que el pico de la civilización allanó las escabrosas pendientes, hizo volar las rocas hechas mil pedazos, y los *rails* se tendieron sobre su pedregosa cuenca. ¡Adiós, austeras meditaciones de los cenobitas! ¡Adiós, majestad de las soledades! ¡Adiós, armonías extrañas de la naturaleza que habla al espíritu en el silencio! El siglo XIX ha llamado a las puertas del escondido valle, y la vida, la animación y el tráfago vienen con él a llenarle de ruidos discordes, cuyos ecos llegan perdidos hasta el fondo de las catacumbas de los reyes. Un jirón de la niebla de la tarde flota en lontananza sobre la cúpula del templo. Parece que la sombra de Felipe II se levanta soñolienta de su panteón para ver al siglo que pasa con tanto estrépito por delante de sus puertas. La locomotora silba. En un siglo en que hasta las mesas responden a lo que se les pregunta, ¿quién puede asegurarse que las locomotoras no silban con intención cuando lo hacen con tanta oportunidad?

Ávila

El cielo comienza a ensombrecerse y la noche se adelanta. Se oye distante el ruido sordo del trueno. Al calor ha sucedido una frescura que al principio hace un efecto agradable y por último obliga a echar una mirada de través al abrigo, arrojado hace poco como inútil sobre el asiento del wagon. El aire entra a bocanadas, húmedo e impregnado en ese perfume especial que anuncia la aproximación de la lluvia. A un lado del camino se descubre, casi perdida entre la niebla del crepúsculo y encerrada dentro de sus dentellados murallones, la antigua ciudad patria de santa Teresa. Ávila, la de las calles oscuras, estrechas y torcidas, la de los balcones con guardapolvo, las esquinas con retablos y los aleros salientes. Allí está la población, hoy como en el siglo XVI, silenciosa y estancada.

Pero ya se acerca la hora. Unas tras otras, las ciudades, al despertar de su profundo letargo, comienzan por romper, al desperezarse, el cinturón de vetustas murallas que las oprimen. Ávila, como todas, romperá el estrecho cerco que la limita y se extenderá por la llanura como un río que sale de madre. Si hoy volviese santa Teresa al mundo, aún podría buscar su casa por entre las revueltas calles de su ciudad natal sin dudar ni extraviarse. Esperemos que, de hacerlo dentro de algunos años, le será preciso valerse de su cicerone.

Medina del Campo

Comienzo a aburrirme. La noche ha entrado por completo; pero la luna, que ha salido por detrás de las nubes, derrama una claridad azulada y confusa que parece la prolongación del crepúsculo. Por no entretenerme en algo peor, voy a entretenerme en fumar, aprovechando la ocasión de no ir señoras en el coche. No hay mal que por bien no venga. He encendido un cigarro en la punta de aquel otro y, al arrojar el segundo para encender el tercero, me encuentro sin saber cómo ni por dónde en Medina. Anuncian su aproximación las altas alamedas que se destacan vigorosamente por oscuro sobre el cielo nebuloso de la noche, y los derruidos restos de algunas construcciones magníficas que atestiguan su pasado esplendor. Si Medina fuera hoy lo que ha sido en tiempos, ¿con qué alborozo saludaría el paso de la locomotora por delante de sus muros? Pero de Medina la grande, del mercado de las Castillas, cuyas célebres ferias atraían en otras épocas a los traficantes de Europa y del mundo, sólo queda la tradición. Hoy no sé si se venderá algo en Medina y, caso que se venda, si habrá quien lo compre. Es triste en medio de la noche esta línea de ciudades que parecen otros tantos sepulcros donde yacen nuestras glorias, nuestro poder y nuestras tradiciones de grandeza.

Valladolid

Pasa tiempo y tiempo y sigue la tierra llana de Castilla desfilando ante mis ojos como una cinta oscura e interminable, siempre del mismo color e idéntica forma. De cuando en cuando, una mancha oscura, una torre puntiaguda y las desiguales chimeneas de los tejados, que se destacan confusamente sobre la tinta parda del horizonte, anuncian la presencia de un pueblecillo. Siento en el estómago un malestar indefinible. No puedo decir a punto fijo si es que tengo ganas de cenar o que he fumado mucho. De todos modos, si Valladolid no está aún muy lejos, la empresa se ha manifestado altamente previsora designándolo como punto el más adecuado para tomar un piscolabis.

Media hora más sin que Valladolid aparezca. He averiguado, al fin, que lo que tengo no es precisamente hambre, pero que puede calificarse de apetito. La marcha del tren se hace cada vez más lenta, la locomotora produce un ruido especial, semejante al de la fatigosa respiración de un caballo después de una carrera muy larga. A lo lejos se ve una lucecita, como esas que se divisan de noche en los cuentos de los muchachos. La luz se acerca, o, mejor dicho, nosotros nos acercamos a la luz. Se ven otras. ¡Es una estación iluminada! ¡Es Valladolid!

¡Valladolid, la espléndida corte de los antiguos monarcas castellanos! ¡Valladolid!, ¡ah...!, ¡con qué gusto dejaría volar la imaginación desatada por los laberintos de nuestra historia, si en este instante no me fuera preciso exclamar con Baltasar de Alcázar en sus famosas redondillas de *El cuento interrumpido*:

Pero... cenemos, Inés,
si te parece, primero!

Hemos cenado de pie, como los israelitas cuando despachaban el cordero pascual en traje de camino, sin tomar asiento, y con el bordón en la mano. Esto no ha impedido, al que tenía ganas, hacerlo bien. Yo lo he hecho tal cual. Ahora meditemos sobre las pasadas glorias de la corte de Castilla; preguntémonos con Jorge Manrique:

¿Qué se hizo el rey don Juan?
Los infantes de Aragón,
¿qué se hicieron?

Tratemos de recoger nuestras ideas. ¿Qué se hizo el rey don Juan? Eso es: ¿qué se hizo ese buen hombre...? Creo que las he recogido tan bien que me he quedado sin ninguna. Cada vez me parece que oigo más lejos el ruido de la máquina. La luz me incomoda; voy a correr la cortinilla por delante del reverbero. Mis párpados se cierran insensiblemente... Juraría que voy a dormirme. ¡Y sin que se me ocurra siquiera una frase sobre Valladolid! ¿Si será verdad que el ayuno es el mejor acicate de la imaginación? No sé; pero la verdad es que yo me duermo, y no puedo atribuirlo más que a los vapores de la cena.

Burgos

Acabo de despertar, lleno de sobresalto, de uno de esos ensueños ligeros y nerviosos, únicos que pueden conciliarse en el ferrocarril. Consulto el reloj y son las dos y media de la madrugada. La luna permanece aún escondida entre las nubes, pero a intervalos su claridad ilumina el paisaje con un resplandor azulado y fantástico. Allí estaba Burgos. Burgos debe ser, porque entre esa masa compacta y oscura de techos puntiagudos, de torres almenadas y altos miradores, he visto destacarse, como dos fantasmas negros, las gigantes agujas de su catedral. En este momento me ocurre qué pensarán esos monstruos de piedra, esos patriarcas y esos personajes simbólicos, tallados en el granito, que permanecen día y noche inmóviles y asomados a las góticas balaustradas del templo, al ver pasar entre las sombras la locomotora ligera como el rayo y dejando en pos una ráfaga de humo y chispas encendidas. Acaso saludarán, con una sonrisa extraña, la realización de un hecho que esperan hace muchos siglos. Acaso esas simbólicas figuras grabadas en la entreojiva de la catedral, jeroglíficos misteriosos del arte cristiano que aún no han podido descifrarse, contienen la vaga predicción de las maravillas que hoy realiza nuestra época. La Edad Media, que produjo espontáneamente esas asombrosas moles de piedra que aún son y serán por largo tiempo el pasmo de las generaciones que le han sucedido; la Edad Media, que planteó e intentó resolver, aunque de una manera empírica, los más grandes problemas científicos y sociales; que soñó, aunque de un modo confuso, con la soberanía del espíritu del hombre sobre los elementos que le rodean, y quiso arrancar a la naturaleza el secreto de la transmutación de los metales, a los astros el secreto del porvenir y, por último en el delirio de su entusiasta locura, a Dios el secreto de la vida; la Edad Media, tan llena de ideas extrañas, de aspiraciones infinitas, de atrevimientos inauditos, desarrollados al impulso de una religión que había conmovido la antigua sociedad hasta en sus más hondos cimientos y abierto al espíritu del hombre horizontes interminables, fue con sus relámpagos de luz en medio de la oscuridad profunda, con sus sangrientas convulsiones, con sus utopías increíbles, sus alquimistas y sus astrólogos, sus trovadores y sus menestrales, sus monjes sabios y sus reyes guerreros, el magnífico prólogo lleno de símbolos y misterios de este gigante poema que poco a poco va desarrollando la humanidad a través de los siglos.

Tal vez por eso encuentro yo como una relación secreta entre esta última palabra de nuestra civilización y esas vetustas torres que esconden entre las nubes sus flechas agudas, o lanzándose desde la tierra al cielo como con ansia de prolongar hasta lo infinito el último punto de triángulo. ¡Ah!, no: vosotras no sois El Escorial, cuyo cóncavo cimborrio pesa sobre los muros como un cráneo de plomo; vosotras no sois el matemático producto de un genio frío, material y severo, que traduce con su igualdad monótona y su antipática dureza de contornos el pensamiento de un rey mezquino aun en su obra más grande.

Con vuestros antepechos calados como el encaje, vuestras agujas delgadas y esbeltas, vuestros canalones de animales monstruosos y fantásticos, y esos miles de figurines extravagantes que se combinan y confunden con un sinnúmero de detalles a cual más caprichosos y escondidos, vosotras sois toda una creación inmensa que nunca acaba de revelarse del todo, en que cada una de las partes es un mundo especial, una parábola, una predicción o un enigma no resuelto, escrito en piedra, y el conjunto, una obra grande e infinita, remedo de la del Supremo Hacedor, a quien imitaron los hombres al levantaros del polvo. Día llegará en que, una vez soldados los rotos eslabones de la cadena, se revele a los ojos del pensador la maravillosa y no interrumpida unidad de desenvolvimiento con que, empujados por la idea cristiana, hemos venido desde la catedral a la locomotora, para ir después desde la locomotora a quién sabe dónde.

Miranda de Ebro

Yo he debido dormir: de por fuerza, porque recuerdo que he soñado, y aunque en algunas ocasiones suele acontecerme soñar despierto, en ésta, por lo menos, tengo la seguridad de haber soñado dormido. Dormido profundamente, y tal vez con alguna copa de burdeos de más, porque, si no, es imposible explicarme cómo he imaginado tanta extravagancia. En este mismo instante me acordaba perfectamente de cuanto he soñado y, ahora que lo quiero coordinar, se me escapa un retazo por aquí, otro por allí, y se deshace como una nube de niebla que cuando sopla el aire se desbarata y flota en todos sentidos, dispersa en jirones. ¡Oh!, no: pues aunque sea poco yo he de acordarme de algo.

¡Soñaba yo que en silenciosa noche...!

¡Ah!, no. Esto es el principio del sueño de El trovador de García Gutiérrez. Yo soñaba una cosa menos romántica, soñaba... Sí, ya me acuerdo, soñaba una cosa absurda: que dentro de un wagon, y con una celeridad como imaginada, recorría una línea férrea tan inmensa que después de salir de un punto llegaba al fin de mi viaje, bajando en la misma estación de donde había partido, después de dar la vuelta al globo. Ya esto de por sí era bastante extraño; pero lo más particular era, lo había observado en el camino, observé que cada vez que tocábamos a las fronteras de una nación y cuando en los wagones de transportes se hacían los preparativos para descargar las mercancías, se presentaban unos cuantos señores, sin duda gente del resguardo o cosa por el estilo, que preguntaban a los consignatarios de aquellos géneros: «¿Qué traen ustedes aquí?» «Nada de particular —respondían los interesados—: géneros de lícito comercio.» «¿No traen ustedes ideas?» «¡Quia! ¡No, señor! Éstas son sardinas de Nantes; aquéllos, vinos generosos; los de más allá, pimientos en conserva, y todas cosas así, como lienzos pintados, dijes de bisutería, objetos de moda, frutos coloniales, etc.» Dada esta satisfacción, y convencidos aquellos señores de que, en efecto, era así, el tren descargaba sus géneros y tomaba otros, y seguíamos adelante. Pero en todas partes se repetía la misma escena, hasta el punto que, picado de la curiosidad, no pude menos de preguntar a un señor desconocido que iba en mi compañía: «¿Podrá usted decirme qué diablos de ideas son ésas que tanto buscan y persiguen, cuál es su color o su hechura, y qué bienes nos vienen con la gracia de esta ceremonia que en todas partes se repite?». «Yo le diré a usted —me contestó aquel buen señor, a quien parecía embarazar un poco mi pregunta—: las ideas en cuestión son las ideas del siglo, el cual, a última hora y después de haberlas engendrado, asustado de su obra, quiere ahogar a sus hijas. Para desterrarlas del comercio de los hombres se inventan cada día artificios al cuál más ingenioso; pero es el caso que esos demontres de ideas, que son traviesas como ellas solas, se cuelan, como vulgarmente suele decirse, por el ojo de una aguja y no hay modo de darles con la puerta de las naciones en la nariz. El comercio material sirve, en último caso, de inocente instrumento a ese otro comercio del espíritu, y ahí donde usted las ve, cada una de esas botellas de vino, cada una de esas sardinas de Nantes, llevan una idea en sí. ¿Dónde? Vayan ustedes a averiguarlo; pero ello es que, cuando se comen o se beben, el sólido o el líquido bajan por el garguero abajo, y la idea sube por la cabeza arriba, y entonces comienza la doble digestión del cerebro y del estómago.»

«¡Ja, ja, ja! —exclamé yo riendo a trapo tendido de la explicación de mi acompañante—; ¡habrá cosa más original que la estratagema de esas pobres ideas tan perseguidas por todo el mundo! Y dígame usted —añadí cuando se me hubo sosegado la risa—, ¿qué efecto cree usted que producirán esas ideas después de haberse infiltrado en la sociedad por medio de un recurso tan ingenioso?» «Hombre, no sé; unos dicen que son un veneno que producirá retortijones de tripas con su correspondiente calentura; otros, que una panacea universal con la que sanan todos los males como por ensalmo. Lo que fuere tronará, porque lo cierto es que con éstas y con las otras, buenas o malas, ya las tiene medio mundo dentro del cuerpo y, a este paso, fatalmente las tendrá muy pronto el otro medio. Nosotros, no; pero nuestros hijos, o los hijos de nuestros hijos, allá verán lo que resulta.»

En este punto he despertado en Miranda de Ebro. El día comienza a clarear, y a su escasa luz me parece distinguir en uno de los muelles de la estación multitud de pirámides formadas de cajas, botes y pequeños barrilillos de mercancías extranjeras. Parecen vinos del Rin y Koenigsberg, patte-foigras, vaca de Hamburgo y queso de Rochefort. ¡Diantre! ¿Si poco a poco nos irán trayendo ideas todos esos nuevos primores de la ciencia culinaria del siglo? En la duda, sería cosa de vigilar de cerca a Lhardy.

De Olazagoitia a Beasaín

Cójase una caja de juguetes, alemanes o suizos de esas que venden en casa de Sckrok, y que son el sueño de oro de los muchachos; una de esas cajas que dejan ver, al levantar su blanca cobertura, todo un mundo de animalitos, casas, árboles, peñas y figuras de aldeanas, con sus trajes azules, amarillos y rojos, mezclado y confundido en caprichosa revolución sobre una capa de musgo verde. Colóquese primero el campanario en el valle, los chalets con sus barandas de madera y sus pisos volados en el ribazo del monte, muchos árboles por acá y por allá, mucho musgo por todas las praderas y por cima de las rocas y las cortaduras; en un término, unas vaquitas; en otro, un pueblecito y verdura, un mar de verdura que contenga todos estos objetos como en un marco. Después la iglesia, que estaba abajo, se coloca arriba; y el pueblecito, que estaba arriba, abajo; los árboles que se veían aquí, más allá, y el puentecito y las vacas que se veían allá, aquí, y así se sigue trastornándolo todo y combinando de mil modos distintos la misma torre con los mismos caseríos, sobre las mismas hondonadas y las mismas eminencias, siempre sobre el idéntico fondo de verdura, como se combinan los objetos y los colores en un caleidóscopo, y se tendrá una idea aproximada de lo que son las provincias vistas al paso desde una de las ventanas del coche.

En este momento comienza propiamente la inauguración. Yo quisiera ser inteligente para consignar una opinión autorizada acerca del mérito de las obras. No obstante, valga por lo que valiere la de un profano, diré que me parecen magníficas. Sólo el acometer una empresa de tanta magnitud revela una osadía y un atrevimiento dignos de la época de los grandes arrojos científicos e industriales. Desde que se abandona a Olazagoitia hasta llegar a Beasaín, se vive como Proserpina, según la relación de las fábulas mitológicas: la mitad del tiempo, sumido en las sombras de las entrañas de la tierra; la otra mitad, gozando de la luz del sol en la superficie. Atravesamos una verdadera cordillera de montañas. Se sale de un túnel para entrar en otro. Yo he contado en este trayecto hasta veintitantos, y después he perdido la cuenta. Donde no se ha horadado la roca para atravesar una altura, se ha levantado un puente para salvar un precipicio. Por un lado y otro del coche se ven las antiguas sendas que suben y bajan serpenteando lenta y trabajosamente alrededor de los montes y los valles, siguiendo sus vueltas, sus ondulaciones y sus caprichos, para enlazar unos con otros los pueblos, mientras el tren corre con una carrera frenética a lo largo de la vía, derecho a su camino, salvando los obstáculos, desafiando las contrariedades, rompiendo las vallas que puso la naturaleza a la osadía de los hombres, volando ansioso a coger por la vez primera el otro extremo del carril de hierro, que se ha de poner en comunicación con el mundo. Verdaderamente esto es admirable. El siglo xix, como el Supremo Hacedor del Génesis, puede creer sin vanidad al contemplar su obra que, en efecto, «es buena».

En marcha

De las aldeas comarcanas salen a saludarnos a la orilla del camino los habitantes de estos alrededores. A la entrada de las grandes poblaciones se ven arcos de triunfo; en los caseríos de las aldeas cuelgan de los ventanillos y los barandales, a falta de otra cosa mejor, las colchas de las camas; de cuando en cuando llegan hasta nosotros, en las ráfagas del aire, el alegre sonido de las campanas, echadas a vuelo en las cien torres que, unas empinadas sobre las cumbres, otras escondidas en lo más profundo de los precipicios, saludan con sus voces de metal el fausto acontecimiento. No sé por qué todo esto me alegra y me entristece a la vez. Verdad es que me sucede una cosa semejante en todas las grandes fiestas. Hace un momento he visto un grupo de aldeanos que nos saludaban al pasar, con sus boinas rojas y azules, y más allá, sobre un fragmento de roca arrancado de la embocadura de un túnel, una niña que nos contemplaba entre temerosa y suspensa, teniendo entre sus manos una rama de oliva.

La oliva es el símbolo de la paz y la abundancia, que son la felicidad de los pueblos. Pero ¿qué sabe ella lo que significa esa rama verde que ha desgajado del árbol para agitarla, por juego, al paso de la locomotora? Sus padres han oído decir que ese monstruo de hierro que arroja columnas de humo y nubes de chispas inflamadas, y cuyos roncos silbidos oyeron la primera vez con asombro, ha de traerles la prosperidad, la calma y la dicha. Ella ha visto a sus padres vestirse sus mejores galas, abandonar la aldea y salir al camino, no sin haber cortado antes algunas ramas de los seculares troncos que prestan sombra a su humilde heredad, y los ha imitado, y sale también a saludar la nueva aurora de la civilización.

¡Pobre niña! ¡Quién sabe las lágrimas que, ya mujer, has de derramar antes que llegue ese día de paz que anuncia un albor confuso! ¡Quién sabe los hijos que has de amamantar a tus pechos para que vayan a morder el polvo de un campo de batalla, primero que se resuelvan los temerosos problemas sociales y políticos, cuya resolución apresura el rápido desenvolvimiento de las ideas y los intereses! La lluvia que hace fructificar el campo de tus padres y a cuyo benéfico influjo brotan las flores que tú buscas por la ladera de las montañas es una bendición de Dios, pero siempre la acompañan y la preceden las tempestades, el trueno y el rayo.

He aquí que entre las nieves del Norte se forma como una gran tempestad. Mas no importa. Ya no hay Pirineos. Ya no hay Alpes tampoco. España, Francia e Italia, los tres grandes pueblos latinos, se dan la mano a través de las cordilleras de montes que los dividían. La gran raza, que es una por sus tradiciones, sus costumbres y sus intereses, tal vez en un día no lejano se mostrará compacta, fuerte y dominadora como en otros tiempos. Desde luego, las liga entre sí un lazo poderoso: el lazo de las creencias. Desde luego, puede tener una unidad y una sola cabeza en cuanto se relaciona con el espíritu. ¿Quién dice que la Roma del Vaticano no volverá a ser, como la Roma del Capitolio, la égida y el guía civilizador de su gran pueblo, derramado hoy por el mundo en diferentes naciones?

En San Sebastián

Quisiera ser Hamlet, y no precisamente por tener su talento, que es todo él de su creador que vació su gigante inteligencia en la de esta magnífica figura, sino por disponer de la calma y el aplomo necesarios para sacar un librito de apuntes en la situación más crítica y apuntar en él cuanto me impresiona o me importara saber más tarde. Yo no me canso de admirar a sus compatriotas los ingleses que, en medio de una conflagración general y en el filo de una espada, son capaces de hacer un croquis o apuntar una nota con la impasibilidad y la sangre fría más admirable del mundo.

Heme aquí en San Sebastián, traído y llevado por las oleadas de la multitud, sin saber de qué forma valerme para proseguir apuntando mis impresiones. ¡Son tantas las cosas que a la vez reclaman mi atención! ¡Tantos los objetos que a un tiempo hieren mis ojos! Aquí un altar, con un sacerdote revestido de las capas pluviales, sus cantos religiosos y sus incensarios que despiden columnas de humo perfumado y azul. Allá un dosel de oro y terciopelo, grandes uniformes, bandas rojas y azules, placas de brillantes, todos los esplendores de la monarquía, y la Marcha real que llena el viento de sus acordes majestuosos. En medio, la locomotora empavesada que bufa contenida como un corcel fogoso sujeto por el jinete. Luego, una multitud inmensa de colores abigarrados que acude por todas partes y se apiña en torno al lugar de la ceremonia. Al fondo, el puerto con su bosque de mástiles empavesados con banderas de todas las naciones; el castillo, que saludó a las majestades del cielo y de la tierra con sus formidables bocas de bronce; la ciudad, que se extiende al pie de la montaña; las campanas, que voltean ruidosas y alegres, y, por último, el mar inmenso, que se prolonga en lontananza hasta confundirse con el cielo en el horizonte.

En el banquete

Acaban de servirme un plato, de cuyo contenido he dado fin con una presteza admirable, y aprovecho el momento que tardan en servirme otro para consignar que esto me parece muy bien.

Antes de acostarme

Estoy completamente mareado. Después del banquete ha habido regatas; después de las regatas, la visita de su majestad a la iglesia de Santa María, y vivas, y música, y cohetes voladores; en seguida ha partido el tren real, y a la media hora el de los convidados que continúan hasta París. No sé a cuántas personas notables he visto. Yo no creía que hubiese tanta gente notable en el mundo, aun contándome yo y otras notabilidades por el estilo en el número de ellas. Y no han parado aquí, sino que acto continuo ha comenzado la iluminación, y los fuegos de artificio, y el baile, que se ha prolongado hasta las tantas de la noche.

En este momento, que es la una de la mañana, todavía llega a mis oídos el rumor de una música que le dan a no sé qué personaje.

¡Jesús! ¡Jesús! ¡Yo no sé cómo me las voy a gobernar para poner en limpio tanta divina cosa como llevo apuntada en la cartera! ¡Y decir que mañana tengo que emprender esa obra, más colosal que hacer la luz en el caos!

Francamente, dan ganas de no divertirse, por no tener que contar al público en qué y cómo se ha divertido.

El Contemporáneo,
21 de agosto de 1864

La mujer a la moda

Bettini está en la escena; ha comenzado un andante, el andante de *Martha*, en que cada nota es un melancólico suspiro de amor o un sollozo de amargura. El público, sin embargo, no escucha a Bettini, inmóvil, silencioso, conmovido como de costumbre. En las butacas, en los palcos, en las plateas, en todo el círculo de luz que ocupa el dorado mundo de la corte, se percibe un murmullo ligero, semejante a ese rumor que producen las hojas de los árboles cuando pasa el viento por una alameda. Las mujeres, impulsadas por la curiosidad, se inclinan sobre el antepecho de terciopelo rojo las unas, mientras las otras, afectando interés por el espectáculo, fijan sus ojos en la escena, o pasean una mirada de fingida distracción por el paraíso. Todas las cabezas se han vuelto hacia un sitio, todos los gemelos están clavados en un punto. Se ha visto oscilar un instante el *portier* de terciopelo de su platea; ya se divisa, por debajo de los anchos pliegues de carmín que cierran el fondo de la concha de seda y oro que ha de ocupar, el extremo de su falda de tul, blanca y vaporosa. Ella va a aparecer al fin. Va a aparecer el ídolo de la sociedad elegante; la heroína de las fiestas aristocráticas; el encanto de sus amigos; la desesperación de sus rivales; la mujer a la moda.

¡Cuántas otras mujeres han ahogado un suspiro de envidia o una exclamación de despecho, al notar el movimiento, al percibir el lisonjero murmullo de impaciencia o admiración con que los cortesanos del buen tono saludan a su soberana! ¡Cuántas trocarían su existencia feliz, aunque oscura, por aquella existencia brillante, rica de vanidades satisfechas, ebria de adulaciones y desdeñosa de fáciles triunfos! La grandeza de la mujer a la moda, como todas las grandezas del mundo, tiene, sin embargo, escondida en su seno la silenciosa compensación de amargura que equilibra con el dolor las mayores felicidades.

Como esos cometas luminosos que brillan una noche en el cielo y se pierden después en las tinieblas, la multitud ve pasar a la mujer a la moda, y ni sabe por dónde ha venido, ni a dónde va después que ha pasado.

¡Por dónde ha venido! Casi siempre por un camino lleno de abrojos, de tropiezos y de ansiedades. La mujer a la moda, como esas grandes ambiciones que llegan a elevarse, luchan en silencio y entre las sombras con una tenacidad increíble, y no son vistas hasta que tocan a la cúspide. Las gentes dicen entonces de ella como del ambicioso sublimado: «Ved los milagros de la fortuna». Y es porque ignoran que aquello que parece deparado por el azar a una persona cualquiera ha sido tal vez el sueño de toda su vida, su anhelo constante, el objeto que siempre ha deseado tocar como término de sus aspiraciones. La mujer a la moda es una verdadera reina; tiene su corte y sus vasallos, pero antes de ceñirse la corona debe conquistarla. Como a los primeros reyes electivos, la hueste aristocrática le confiere casi siempre esta dignidad, levantándola sobre el pavés en el campo de batalla después de una victoria.

Hubo un tiempo, cuando el gusto no se había aún refinado, cuando no se conocían las exquisiteces del buen tono, en que ocupaban ese solio las más hermosas. De éstas puede decirse que eran reinas de derecho divino, o, lo que es igual, por gracia y merced del Supremo Hacedor, que de antemano les había ceñido la corona al darles la incomparable belleza. Hoy las cosas han variado completamente. La revolución se ha hecho en todos los terrenos y el camino al poder se ha abierto para todas las mujeres. El reinado de la elegancia en el mundo femenino equivale al del talento en la sociedad moderna.

Es un adelanto como cualquiera otro.

No obstante, al abrirse ese ancho camino a todas las legítimas ambiciones, ¡cuánto no se ha dificultado el acceso al tan deseado trono! Antes la hermosura era la ungida del Señor, y le bastaba su belleza para ser acatada, le bastaba mostrarse para vencer y colocarse en su rango debido. Ahora, no; ahora son necesarias mil y mil condiciones. La hermosura se siente, la elegancia se discute.

Adivinar el gusto de todos y cada uno; sorprender el secreto de la fascinación; asimilarse todas las bellezas del mundo del arte y de la industria para hacer de su belleza una cosa especial e indefinible; crear una atmósfera de encanto, y envolver en ella y arrastrar en pos de sí una multitud frívola; ganar, en fin, a fuerza de previsión, de originalidad y talento, los sufragios individuales; cautivar a los unos, imponerse a los otros, romper la barrera de las envidias, arrollar los obstáculos de las rivalidades, luchar en todas las ocasiones, no abandonar la brecha un instante, siempre con la obligación de ser bella, de ser agradable, de estar en escena pronta a sonreír, pronta a conquistar una voluntad perezosa, o una admiración difícil, o un corazón rebelde. He aquí la inmensa tarea que se impone la mujer que aspira a esa soberanía de un momento. He aquí los trabajos, para los cuales son una bicoca los doce famosos de Hércules, que acomete y lleva a feliz término la mujer que desea sentarse en el escabel del trono de la elegancia.

Para lanzarse con algún éxito en este áspero y dificultoso camino, ya hemos dicho que se necesitan muchas y no vulgares condiciones. Condiciones físicas, condiciones sociales y de alma.

La mujer a la moda, la frase misma lo dice, no ha de ser una niña, sino una mujer; una mujer que flota alrededor de los treinta años, esa edad misteriosa de las mujeres, edad que nunca se confiesa etapa de la vida, que corre desde la juventud a la madurez, sin más tropiezo que un cero, que salta y del que siempre está un poco más allá o más acá y nunca en el punto fijo.

No necesita ser hermosa: serlo no es seguramente un inconveniente, pero le basta que parezca agradable. Rica... Es opinión corriente que la elegancia le revela en todas las condiciones, pero también es seguro que, aunque don especial de la criatura, se parece en un todo a esas flores que brotan sencillas en los campos y, trasplantadas a un jardín y cuidadas con esmero, se coronan de dobles hojas, se hacen mayores, más hermosas, y exhalan más exquisito y suave perfume.

Alaben los poetas cuanto gusten la simplicidad de la naturaleza, las florecitas del campo y los frutos sin cultivo; pero la verdad es que la intemperie quema el cutis más aristocrático, que las rosas de los rosales apenas tienen cinco hojas y las manzanas silvestres amargan que rabian. Es probado que la mujer a la moda, la mujer elegante, debe ser rica: rica hasta el punto que sus caprichos de toilette no encuentren nunca a su paso la barrera prosaica de la economía que cierre el camino o les corte las alas para volar por el mundo de las costosas fantasías.

También debe ser libre. Libre como lo es la mujer joven y viuda o la casada que no tiene que sujetarse a vulgares ocupaciones y vive en el gran mundo, donde la tradición ha cortado con el cuchillo del ridículo ciertos lazos pequeños que sujetan a otras mujeres a la voluntad ajena.

El talento, entendámonos bien, el talento femenino, ese talento múltiple, ese talento que aguijonea la vanidad, que es frívolo y profundo a la vez, pronto en la percepción, más rápido aún en la síntesis, brillante y fugaz, que siente aunque no razona, que comprende aunque no define, ese talento es condición tan indispensable que puede decirse que en ella estriban todas las demás condiciones, las cuales completa y utiliza como medios de obra y armas para un combate.

Una vez fuerte con la convicción profunda de sus méritos, la mujer que aspira a conquistar esa posición envidiada levanta un día sus ojos hasta la otra mujer que la ocupa, la mide con la vista de pies a cabeza, la reta a singular combate y comienza uno de esos duelos de elegancia, duelo a muerte, duelo sin compasión ni misericordia, a que asisten de gozosos testigos todo un círculo dorado de gentes *comm'il faut*, en que se lucha con sonrisas, flores, gasas y perlas, del que salen al fin una con el alma desgarrada, las lágrimas del despecho en los ojos y la ira y la amargura en el corazón, a ocultarse en el fondo de sus ya desiertos salones, mientras la otra pasea por el mundo elegante los adoradores de su rival atados como despojos a su carro de victoria.

¡Triunfa! ¡Cuántas ansiedades, cuántos temores, cuántos prodigios de buen gusto, cuántos padecimientos físicos, cuántas angustias, cuántos insomnios quizá no le ha costado su triunfo! Y no ha concluido aún. Reina de un pueblo veleidoso, reina que se impone por la fascinación, tiene que espiar a su pueblo y adivinar sus fantasías y adelantarse a sus deseos.

Un descuido, una falta, una torpeza de un día, de un instante, puede deshacer su obra de un año. Un traje de escasa novedad, un adorno de mal gusto, una flor torpemente puesta, un peinado desfavorable, una acción cualquiera, un movimiento, un gesto, una palabra inconveniente pueden ponerla en ridículo y perderla para siempre. ¡Cuántas veces la mujer a la moda tiembla antes de presentarse en un salón, y teme, y duda, y cree que acaso habrá alguna que la supere a ella, que tiene necesidad, que esté en la obligación imprescindible de ser la más elegante! Entonces envidian a las que pueden pasar desapercibidas y sentarse en un extremo, lejos de las cien miradas que espían una falta o un ridículo cualquiera para ponerlo de relieve y mofarse y desgarrar su perfume real. Envidia a la mujer que al colocarse una flor entre el cabello piensa en si estará bien a los ojos del que sólo desea hallar en su persona algo que admirar, a los ojos de su amante; mientras ella piensa qué ha de parecerle a sus rivales, a sus enemigas, a sus envidiosas y después a su pueblo, tal vez cansado de un antiguo yugo y ansioso de novedad.

¿Y para qué toda esta lucha? ¿Para qué todo este afán? Para recoger al paso frases de ese amor galante, sin consecuencia, que llegan al fin a embotar los oídos, para aspirar un poco de humo de los lisonjeros, contestar con el desdén a algunas miradas de ira de envidiosas, para decir yo no vivo en la cabeza, sino en el corazón de cuantos me conocen, y después un día caer del altar donde va a colocarse un nuevo ídolo o tener forzosamente que bajar una a una sus gradas, a medida que pasan los años, para abdicar por último una corona que ya no puede sostener.

No; no suspiréis ahogando un deseo; no envidiéis su fortuna; no ambicionéis ser mujer a la moda. Es un poder que pesa como todos los poderes; es una felicidad de un día que se paga con muchas lágrimas, un orgullo que se expía con muchos despechos, una vanidad que se compra con muchas humillaciones.

Pensamientos

Vosotros los que esperáis con ansia la hora de una cita; los que contáis impacientes los golpes del reloj lejano, sin ver llegar a la mujer amada; vosotros que confundís los rumores del viento con el leve crujido de la falda de seda, y sentís palpitar apresurado el corazón, primero de gozo y luego de rabia, al escuchar el eco distante de los pasos del transeúnte nocturno, que se acerca poco a poco, y al fin aparece tras la esquina, y cruza la calle, y sigue indiferente su camino; vosotros que habéis calculado mil veces la distancia que media entre la casa y el sitio en que la aguardáis, y el tiempo que tardará, si ya ha salido, o si va a salir, o si aún se está prendiendo el último adorno para pareceros más hermosa; vosotros que habéis sentido las angustias, las esperanzas y las decepciones de esas crisis nerviosas, cuyas horas no pueden contarse como parte de la vida; vosotros solos comprenderéis la febril excitación en que vivo yo, que he pasado los días más hermosos de mi exis tencia, aguardando una mujer que no llega nunca...

¿Dónde me ha dado esa cita misteriosa? No lo sé. Acaso en el cielo, en otra vida anterior a la que sólo me liga ese confuso recuerdo.

Pero yo la he esperado y la espero aún, trémulo de emoción y de impaciencia. Mil mujeres pasan al lado mío: pasan unas altas y pálidas, otras morenas y ardientes; aquéllas con un suspiro, éstas con una carcajada alegre; y todas con promesas de ternura y melancolía infinitas, de placeres y de pasión sin límites. Éste es su talle, aquéllos son sus ojos, y aquél el eco de su voz, semejante a una música. Pero mi alma, que es la que guarda de ella una remota memoria, se acerca a su alma... ¡y no la conoce...!

Así pasan los años, y me encuentran y me dejan sentado al borde del camino de la vida... ¡siempre esperando...!

Tal vez, viejo, a la orilla del sepulcro, veré, con turbios ojos, cruzar aquella mujer tan deseada, para morir como he vivido... ¡esperando y desesperado...!

¿Qué viento la trajo hasta allí? No lo sé. Pero yo vi la flor de la semilla, que germinó en verde guirnalda de hojas, al pie del alto ciprés, que se levanta, como la última columna de un templo arruinado en medio de la llanura escueta y solitaria.

Yo vi aquella flor azul, del color de los cielos y roja como la sangre, y me acordé de nuestro imposible amor.

Un breve estío duraron los ligeros festones de verdura en derredor del viejo tronco; un breve estío duraron las campanillas azules, y las abejas de oro, y las mariposas blancas, sus amigas.

Y llegó el invierno helado, y el ciprés volvió a quedar solo, moviendo melancólicamente la cabeza, y sacudiendo los copos de nieve, alto, delgado y oscuro en medio de la blanca llanura...

¿Cuántas horas durarán tus risas y tus palabras sin sentido, tus melancolías sin causa y tus alegrías sin objeto? ¿Cuánto tiempo, en fin, durará tu amor de niña? Una breve mañana; y volverá a hacerse la noche en torno, y permaneceré solitario y triste, envuelto en las tinieblas de la vida.

Yo no envidio a los que ríen: es posible vivir sin reírse... ¡pero sin llorar alguna vez...!

Asómate a mi alma, y creerás que te asomas a un lago cristalino, al ver temblar tu imagen en el fondo.

Entre las oscuras ruinas, al pie de las torres cubiertas de musgo, a la sombra de los arcos y las columnas rotas crece oculta la flor del recuerdo.

Plegadas las hojas, permanece muda un día y otro a las caricias de un furtivo rayo del sol que le anuncia la mañana de las otras flores.

«Mi sol —dice— no es el sol de la alondra, el alba que espero para romper mi broche ha de clarear en el cielo de unos ojos.»

Flor misteriosa y escondida, guarda tu pureza y tu perfume al abrigo de los ruinosos monumentos. Larga es la noche; pero ya las lágrimas, semejantes a gotas de rocío, anuncian la llegada del día entre las tinieblas del espíritu.

Hay un lugar en el Infierno de Dante para los grandes genios: en él coloca a los hombres célebres, que conquistaron en el mundo mayor gloria.

La justicia humana no puede hacer otra cosa, y juzga tan sólo por lo que realmente conoce.

Pero la divina lleva, sin duda, a ese mismo lugar a las inteligencias, que, sin dejar rastro de sí sobre la tierra, llegan en silencio a la misma altura que aquéllos.

La justicia divina lleva también allí a los *genios desconocidos*.

La mujer de piedra
(leyenda)

(Fragmento)

Yo tengo una particular predilección hacia todo lo que puede vulgarizar el contacto o el juicio de la multitud indiferente. Si pintara paisajes, los pintaría sin figuras. Me gustan las ideas peregrinas que resbalan sin dejar huella por las inteligencias de los hombres positivistas, como una gota de agua sobre un tablero de mármol. En las ciudades que visito, busco las calles estrechas y solitarias; en los edificios que recorro, los rincones oscuros y los ángulos de los patios interiores, donde crece la yerba y la humedad enriquece con sus manchas de color verdoso la tostada tinta del muro; en las mujeres que me causan impresión, algo de misterioso que creo traslucir confusamente en el fondo de sus pupilas, como el resplandor incierto de una lámpara que arde ignorada en el santuario de su corazón, sin que nadie sospeche su existencia; hasta en las flores de un mismo arbusto creo encontrar algo de más pudoroso y excitante en la que se esconde entre las hojas, y allí, oculta, llena de perfume el aire sin que la profanen las miradas. Encuentro en todo ello algo de la virginidad de los sentimientos y de las cosas.

Esta pronunciada afición degenera a veces en extravagancia, y sólo teniéndola en cuenta podrá comprenderse la historia que voy a referir.

I

Vagando al acaso por el laberinto de calles estrechas y tortuosas de cierta antigua población castellana, acerté a pasar cerca de un templo en cuya fachada el arte ojival y el bizantino, amalgamados por la mano de dos centurias, habían escrito una de las páginas más originales de la arquitectura española. Una ojiva, gallarda y coronada de hojas de cardo desenvueltas, contenía la redonda clave del arco de la iglesia, en la que el tosco picapedrero del siglo XII dejó esculpidas, en interminables hileras de figuras enanas y características de aquel siglo, las más extrañas fantasías de su cerebro, rico en leyendas y piadosas tradiciones. Por todo el frente de la fachada se veían interpolados con un desorden, del cual, no obstante, resultaba cierta inexplicable armonía, fragmentos de arcadas románticas incluidas en lienzos de muros, cuyos entrepaños dibujaban las descarnadas líneas de los pilares acodillados, con sus basas angulosas y sus capiteles de espárrago, propios del género gótico; trozos de molduras compuestas de adornos circulares combinados geométricamente, que se interrumpían a veces para dejar espacio a la ornamentación afiligranada y ondeante de una ventana de arco apuntado, enriquecida de figuritas más airosas y altas y adornada de vidrios de colores. A donde quiera que se fijaban los ojos, podían observarse detalles delicados de los dos géneros a que pertenecía el edificio, y muestras de la feliz alianza con que la generación posterior supo, imprimiéndole su sello especial, conservar algo de la fisonomía y espíritu severo y sencillo en su tosquedad del primitivo monumento.

Siguiendo una invariable costumbre mía, después de haber contemplado atentamente la fachada del templo, de haber abarcado el conjunto del pórtico, con la cuadrada torre bizantina y las puntas de las agudas flechas ojivales que coronaban, flanqueándola, la cúpula de la nave central, comencé a dar vueltas alrededor de su recinto, inspeccionando sus muros que, ora se presentaban en lienzos de prolongadas líneas, ora se escondían tras algunas miserables casuquillas adosadas a los sillares, para asomar más a lo lejos sus dentelladas crestas por cima de los humildes tejados. A poco de comenzada esta minuciosa inspección de la parte exterior del templo, y habiendo cruzado por debajo de un pasadizo cubierto, que a manera de puerta unía la iglesia a un antiguo edificio contiguo a ella, me encontré en una pequeña plaza de forma irregular, cuyo perímetro dibujaban por un lado la antiquísima portada de un palacio en ruinas, y por otro, las altas y descarnadas tapias del jardín de un convento; ocupando el resto y cerrando el mal trazado semicírculo de aquella plazoleta sin salida, parte de la vetusta muralla romana de la población y el ábside del templo que acababa de admirar, ábside maravilloso de color y de formas, y en el cual, satisfecho sin duda el maestro que lo trazó, al verle tan gallardo y rico de líneas y accidentes, empleó para ejecutarle los más hábiles artífices de aquella época, en que era vulgar labrar la piedra con la exquisita ligereza con que se teje un encaje.

Por grande que sea la impresión que me causa un objeto expuesto de continuo a la mirada del vulgo, parece como que la debilita la idea de que tengo que compartirla con otros muchos. Por el contrario, cuando descubro un detalle o un accidente que creo ha pasado hasta entonces inadvertido, encuentro cierta egoísta voluptuosidad en contemplarlo a solas, en creer que únicamente para mí existe guardado, a fin de que yo lo aspire y goce su delicado perfume de virginidad y misterio. Al encontrar en el ángulo de aquella plaza, cuyo piso cubierto de menuda yerba indicaba bien a las claras su soledad continua, el cubo de piedra flanqueado de arbotantes terminados en agudos pináculos de granito, que constituían el ábside o parte posterior del magnífico templo, experimenté una sensación profunda, semejante a la del avaro que, removiendo la tierra, encuentra inopinadamente un tesoro.

Y en efecto, para un entusiasta por el arte, aquel armonioso conjunto de líneas elegantes y airosas, aquella profusión de ojivas rasgadas y llenas de delicadas tracerías, por entre cuyos huecos se dibujaban confusamente los vidrios de color enriquecidos de imágenes, hojas revueltas y blasones heráldicos, junto con las grandes masas de sombras y luz que ofrecían los pilares al presentarse iluminados de una claridad dorada, mientras bañaban los muros con sus anchos batientes azulados y ligeros, constituían una verdadera maravilla.

Largo rato estuve contemplando otra obra tan magnífica; recorriendo con los ojos todos sus delicados accidentes y deteniéndome a desentrañar el sentido simbólico de las figurillas monstruosas y los animales fantásticos, que se ocultaban o parecían alternativamente entre los calados festones de las molduras. Una por una admiré las extrañas creaciones con que el artífice había coronado el muro para dar salida a las aguas por las fauces de un grifo, de una sierpe, de un león alado o de un demonio horrible con cabeza de murciélago y garra de águila; una por una estudié asimismo las severas y magníficas cabezas de las imágenes de tamaño natural que, envueltas en grandes paños, simétricamente plegados, custodiaban inmóviles el santuario, como centinelas de granito, desde lo alto de las caladas repisas que formaban, al unirse y retorcerse entre sí, las hojas y los nervios de los pilares exteriores. Todas ellas pertenecían a la mejor época del arte ojival, ofreciendo en sus contornos generales, en la expresión de sus rostros y en la profusión y acentuada plegadura de sus ropas, el modelo perfecto del misterioso amor establecido por los ignorados escultores, que, siguiendo una tradición que arranca de las logias germanas, poblaron de un mundo de piedra las catedrales de toda Europa. Heraldos con blasonadas casullas, ángeles con triples alas, evangelistas, patriarcas y apóstoles llamaban hacia sí, por sus imponentes o graciosas formas, por sus cualidades de ejecución o de gallardía, la atención y el estudio del que los contemplaban; pero entre todas estas figuras una fue la que logró conmoverme con una impresión parecida a la que al descubrirlo me produjo el ábside de la iglesia, una figura que al pronto reconcentraba todo el interés de aquella máquina maravillosa, para la cual parecía levantada la mejor y más bella parte del monumento; como pedestal de una estatua o marco de una pintura, del que podía decirse era la pudorosa flor que, escondida entre las hojas, perfumaba de misterio y poesía aquella selva petrificada y apocalíptica, en cuyo seno y por entre las guirnaldas de acanto, los tréboles y los cardos puntiagudos, pululaban millares de criaturas deformes; sierpes, trasgos y dragones reptiles, con alas monstruosas e inmensas.

Yo guardo aún vivo el recuerdo de la imagen de piedra, del rincón solitario, del color y de las formas que armoniosamente combinados formaban un conjunto inexplicable; pero no creo posible dar con la palabra una idea de ella, ni mucho menos reducir a términos comprensibles la impresión que me produjo.

Sobre una repisa volada, compuesta de un blasón entrelazados de hojas y sostenido por la deforme cabeza de un demonio, que parecía gemir con espantosas contorsiones bajo el peso del sillar, se levantaba una figura de mujer esbelta y airosa. El dosel de granito que cobijaba su cabeza, trasunto en miniatura de una de esas torres agudas y en forma de linterna que sobresalen majestuosas sobre la mole de las catedrales, bañaba en sombra su frente; una toca plegada recogía sus cabellos, de los cuales se escapaban dos trenzas, que bajaban ondulando desde el hombro hasta la cintura, después de encerrar como en un marco el perfecto óvalo de su cara. En sus ojos, modestamente entornados, parecía arder una luz que se transparentaba al través del granito; su ligera sonrisa animaba todas las facciones del rostro de un encanto suave, que penetraba hasta el fondo del alma del que la veía, agitando allí sentimientos dormidos, mezcla confusa de impulsos de éxtasis y de sombras de deseos indefinibles.

El sol, que doraba las agudas flechas de los arbotantes, arrojaba sobre el templo el dentellado batiente de las almenas del muro y perfilaba de luz el ennegrecido y roto blasón de la casa solariega, que cerraba uno de los costados de la plaza, comenzó poco a poco a ocultarse detrás de una masa de edificios cercanos; las sombras tendidas antes por el suelo y que insensiblemente se habían ido alargado hasta llegar al pie del ábside, por cuyo lienzo subían como una marea creciente, acabaron por envolverle en una tinta azulada y ligera; la silueta oscura del templo se dibujó vigorosa sobre el claro cielo del crepúsculo que se desarrollaba a su espalda limpio y transparente, como esos fondos luminosos que dejan ver por un hueco las tablas de los antiguos pintores alemanes. Los detalles de la arquitectura comenzaban a confundirse; los ángulos perdían algo de la dureza de sus cortes a bisel; las figuras de los pilares se dibujaban indecisas, como fantasmas sin consistencias, envueltas en la oscuridad que arrojaban sobre ellas los monumentales doseles.

Inmóvil, absortó en una contemplación muda, permanecía yo aún con los ojos fijos en la figura de aquella mujer, cuya especial belleza había herido mi imaginación de un modo tan extraordinario. Parecíame a veces que su contorno se destacaba entre la oscuridad; que notaba en toda ella como una imperceptible oscilación; que de un momento a otro iba a moverse y adelantar el pie que se asomaba por entre los grandes pliegues de su vestido, al borde de la repisa.

Y así estuve hasta que la noche cerró por completo. Una noche sin luna, sin más que una confusa claridad de las estrellas, que apenas bastaba a destacar unas de otras las grandes masas de construcción que cerraban el ámbito de la plaza. Yo creía, no obstante, distinguir aún la imagen de la mujer entre las tinieblas. Mas no era verdad. Lo que veía de una manera muy confusa era el reflejo de aquella visión, conservada por la fantasía, porque cuando me separé de allí aún creía percibirla flotando delante de mí entre las espesas sombras de las torcidas calles que conducían a mi alojamiento.

II

Por qué durante los catorce o quince días que llevaba de residencia en aquella población, aunque continuamente estuve dando vueltas sin rumbo fijo por sus calles, nunca tropecé con aquella iglesia y aquella plaza, y desde la tarde en que las descubrí, todos los días, cualquiera que fuese el camino que emprendiera, siempre iba a dar aquel sitio, es lo que yo no podré explicar nunca, como nunca pude darme razón, cuando muchacho, del por qué para ir a cualquier punto de la ciudad donde nací era preciso pasar antes por la casa de mi novia. Pero ello era que unas veces de propósito hecho, otras por casualidad, ya porque a las mañanas se tomaba bien el sol contra la tapia del convento, ya porque al caer la tarde de un día nebuloso y frío se sentía allí menos el embate del aire, iba allí a todas horas, y me encontraba frente al ábside de la iglesia, sentado en algunas piedras amontonadas al pie del arco de la antigua casa solariega, y con los ojos clavados en aquella figura que parecía atraerme con una fuerza irresistible.

Más de una vez, deseando llevar conmigo un recuerdo de ella, intenté copiarla. Tantas como lo intenté, rompí en pedazos el lápiz y maldije de la torpeza de mi mano, inhábil para fijar el esbelto contorno de aquella figura. Acostumbrado a reproducir el correcto perfil de las estatuas griegas, irreprochables de forma, pero debajo de cuya modelada superficie, cuando más se ve palpitar la carne y plegarse o dilatarse el músculo, no podía hallar la fórmula de aquella estatua, a la vez incorrecta y hermosa, que, sin tener la idealidad de formas del antiguo, antes por el contrario, rebosando vida real en ciertos detalles, tenía, sin embargo, en el más alto grado el ideal del sentimiento y la expresión. Inmóvil, las ropas cayendo a plomo y vistiendo de anchos pliegues el tronco para detenerse, quebrando las líneas, al tocar el pedestal, los ojos entornados, las manos cruzadas sobre un libro de oraciones; y el largo brial perdido entre las ondulaciones de la falda, podía asegurarse, y al menos este efecto producía, que debajo de aquel granito circulaba como un fluido sutil un espíritu que le prestaba aquella vida incomprensible, vida extraña, que no he podido traslucir jamás en esas otras figuras humanas cuyas ropas agita el aire al pasar, cuyas facciones se contraen o dilatan con una determinada expresión y que, a pesar de todo, son únicamente, al tocar la meta de su perfección posible, mármol que se mueve como un maravilloso autómata, sin sentir ni pensar.

Indudablemente la fisonomía de aquella escultura reflejaba la de una persona que había existido. Podían observarse en ella ciertos detalles característicos que sólo se reproducen delante del natural o guardando un vivísimo recuerdo. Las obras de la imaginación tienen siempre algún punto de contacto con la realidad. Hay una belleza típica y uniforme hacia la que, así en lo bueno como en lo malo, se nota cierta tendencia en el arte. El placer y el dolor, la risa y el llanto tienen expresiones especiales consignadas por las reglas. La cabeza de aquella mujer rompía con todas las tradiciones: era hermosa sin ser perfecta; ofrecía rasgos tan propios como los que se observan en un retrato de la mano de un maestro, el cual tiene tanta personalidad, por decirlo así, que, aun sin conocer el tipo a que se refiere, se siente la verdad de la semejanza. Cada mujer tiene su sonrisa propia, y esa suave dilatación de los labios toma formas infinitas, perceptibles apenas, pero que les sirve de sello. La hermosa mujer de piedra que contemplaba extasiado tenía asimismo una sonrisa suya que le daba tal carácter y expresión que enamorarse de aquel gesto especial era enamorarse de aquella escultura, pues no sería posible hallar otra perfectamente semejante. Con los ojos entornados y los labios ligerísimamente entreabiertos, parecía que pensaba algo agradable y que la luz de su pura e interior alegría se revelaba por medio de reflejos imperceptibles, como se acusa por la transparencia la luz que arde dentro de un vaso de alabastro. Pero ¿quién era aquella mujer? ¿Por qué capricho el escultor, interrumpiendo la larga fila de graves personajes que rodeaban el ábside, había colocado en el sitio más escondido, es verdad, aunque seguramente el más misterioso de toda la fábrica arquitectónica, aquella figura que tenía algo de ángel, pero que carecía de alas, que descubría en su rostro la dulzura y la bondad de los bienaventurados, pero que no ostentaba sobre su cabeza el nimbo celeste de los Santos y Apóstoles? ¿Sería acaso recuerdo de una protectora del templo? No podía ser. Yo había visto posteriormente la oscura losa sepulcral, que cubría los restos del fundador, prelado valeroso que contribuyó con un rey leonés a la reconquista de aquel pueblo, y en la capilla mayor, a la sombra de un lucillo realzado de gótica crestería, había tenido igualmente ocasión de examinar las tumbas con las estatuas yacentes de los ilustres magnates que en época posterior restauraron la iglesia, imprimiéndole el carácter ojival. En ninguno de estos monumentos funerarios encontré un blasón que tuviese siquiera un cuartel del que se veía en la repisa de la estatua del ábside. ¿Quién podría ser entonces?

Es muy común encontrar en las portadas de las catedrales, en los capiteles de los claustros y en las entreojivas de la urna de los sepulcros góticos multitud de figuras extrañas, y que no obstante se refieren sin duda a personajes reales; indescifrable simbolismo de los escultores de aquella época, con el cual escribían a la manera que los egipcios en sus obeliscos, sátiras, tradiciones, páginas personales, caricaturas o fórmulas cabalísticas de alquimia o adivinación. Cuando la inteligencia se ha acostumbrado a deletrear esos libros de piedra, poco a poco se va haciendo la luz en el caos de líneas y accidentes que ofrecen a la mirada del profano, el cual necesita mucho tiempo y mucha tenacidad para iniciarse en sus fórmulas misteriosas y sorprender una a una de las letras de su escritura jeroglífica. A fuerza de contemplación y meditaciones, yo había llegado por aquella época a deletrear algo del oscuro germanismo de los monumentos de la Edad Media; sabía buscar en el recodo más sombrío de los pilares acodillados del sillar que contenía la marca masónica de los constructores; calculaba con acierto el machón o la parte del muro que gravitaba sobre el arca de plomo, o la piedra redonda en que se grababan con el nombre de secta del maestro, su escuadra, el martillo y la simbólica estrella de cinco puntas, o la cabeza de pájaro que recuerda el *ibis* de los Faraones. Una parábola, aun abajo en el segundo velo, una alusión histórica o un rasgo de las costumbres, aunque ataviadas con el disfraz místico, no podían pasar inadvertidos a mis ojos si los hacía objeto de inspección minuciosa. No obstante, por más que buscaba la cifra del misterio, sumando y restando la entidad de aquella figura con las que la rodeaban; por más que trataba de encontrar una relación entre ella y las creaciones de los capiteles y franjas, algunas de efecto microscópico, y combinaba el todo con la idea del diablo que abrazaba el escudo, gimiendo bajo el peso de la repisa, nunca veía claro, nunca me era posible explicarme el verdadero objeto, el sentido oculto, la idea particular que movió al autor de la imagen para modelarla con tanto amor e imprimirle tan extraordinario sello de realismo. Cierto que algunas veces creía ver flotar ante mi vista el hilo de luz que había de conducirme seguro a través del *dédalo* de confusas ideas de mi fantasía, y por un momento se me figuraba encontrar y ver palpable la escondida relación de los versos sueltos de aquel maravilloso poema de piedra, en el cual se presentaba en primer término y rodeada de ángeles y monstruos, de santos y de hijos de las tinieblas, la imagen de la desconocida dama, como Beatriz en la divina y terrible trilogía del genio florentino; pero también es verdad que, después de vislumbrar todo un mundo de misterios como iluminado por la breve luz de un relámpago, volvía a sumergirme en nuevas dudas y más profunda oscuridad. Entregado a estas ideas, pasaba días enteros...

«**Para viajar lejos no hay mejor nave que un libro.**»

Emily Dickinson

Gracias por tu lectura de este libro.

En **penguinlibros.club** encontrarás las mejores
recomendaciones de lectura.

Únete a nuestra comunidad y viaja con nosotros.

penguinlibros.club

Penguin
Random House
Grupo Editorial

 penguinlibros